Dr. Stephanie Morgenroth

DER KRYPTO-KOMPASS

Dein Einstieg in Bitcoin, Blockchain und Co

Verstehen, investieren und profitieren
mit dem großen Crypto Buch

EULOGIA
VERLAG

Bibliografische Information der Deutschen Nationalbibliothek.

Die Deutsche Nationalbibliothek verzeichnet diese Publikation in der Deutschen Nationalbibliografie; detaillierte bibliografische Daten sind im Internet über http://dnb.dnb.de abrufbar.

Für Fragen und Anregungen:
info@eulogiaverlag.de

ISBN Paperback: 978-3-96967-674-5
ISBN eBook: 978-3-96967-675-2

Originale Erstausgabe 2025

Eulogia Verlags GmbH
Gerhofstraße 1-3
20354 Hamburg

Satz und Layout: Tomasz Dębowski
Covergestaltung: Aleksandar Petrović

Inhaltsverzeichnis

Teil 2
So investierst du in Kryptowährungen

Für meine Familie

Hinweis & Disclaimer

Dieses Buch dient ausschließlich zu Informations- und Bildungszwecken. Es stellt keine Finanz- oder Anlageberatung dar und ist keine Empfehlung zum Kauf oder Verkauf von Kryptowährungen, Tokens oder anderen Finanzprodukten.

Alle Inhalte, Beispiele, Rechenmodelle und Szenarien wurden sorgfältig recherchiert und nach bestem Wissen aufbereitet. Dennoch gilt: Die dargestellten Strategien und Methoden spiegeln persönliche Erfahrungen und didaktische Ansätze wider, sie ersetzen nicht deine eigene Recherche oder den Austausch mit einem unabhängigen Finanzberater. Die Investition in Kryptowährungen ist mit Risiken verbunden und kann bis zum Totalverlust führen. Handle immer eigenverantwortlich und nur mit Kapital, das du entbehren kannst.

Wenn du noch mehr lernen willst, dann findest du auf **www.misscrypto.de** und auf meinem YouTube-Kanal **youtube.com/@MissCryptoGer** viele weitere Inhalte, die dich begleiten.

Jetzt aber: Viel Spaß beim Lesen und willkommen in der Krypto-Welt! 😉

Deine Steffi (alias MissCrypto)

VORWORT

Das wertvollste Asset der Welt

Als ich meinen Eltern erzählte, dass ich meinen Arztkittel an den Nagel hänge und jetzt „Krypto[1] mache", war die erste Reaktion verständlicherweise ausbaufähig. Schmiss ihre Tochter nach allem, was sie auf sich genommen hatte, einfach hin? Abitur, Studium, Promotion, Praxiserfahrungen, geschweige denn all die Fort- und Weiterbildungen in der Schul- und Alternativmedizin, die nicht nur Unmengen an Zeit, sondern auch Eigenkapital verschlungen hatten. Sagen wir mal: Begeisterung klingt anders.

Wie sollte ich ihnen erklären, dass nicht alles umsonst war und es auch nichts damit zu tun hatte, dass ich Medizin nicht mochte. Ich wäre vermutlich eine gute Ärztin geworden, doch als ich Kryptowährungen entdeckte, war ich so fasziniert, dass ich in dieser Welt hängen blieb. Du wirst nach diesem Buch verstehen, warum Krypto das nächste große Ding wird oder wie wir heutzutage sagen: *The next big thing.*

Schon in meiner Jugend dachte ich gerne um die Ecke und konnte meine Neugierde für Neues kaum befriedigen. Meine Hobbys waren zahlreich: vom Spielen mit Autos und Bauklötzen, Geschichten schreiben, Harfe spielen und Leichtathletik bis hin zu Fitness und Rennradfahren heute. Und auch in der Schule hatte ich nie *das eine* Lieblingsfach, an dem ich hing.

---

[1] Crypto ist die englische Abkürzung für Cryptocurrency. Ich verwende in diesem Buch die Schreibweise Krypto, damit es einheitlich ist - wobei ich als „MissCrypto" Crypto bevorzuge.

Die verschiedenen Strategien, die ich heute auf Krypto anwende und mit dir teile, stammen aus meiner Lebensgeschichte und aus den Erfahrungen vieler kluger Menschen, von denen ich lernen durfte.

Auch als Medizinerin entwarf ich Therapiekonzepte aller möglicher Heilmethoden, weil ich fand, dass es nicht den einen Schlüssel für ein gesundes Leben gibt und sich nicht jede Therapie auf jeden Patienten übertragen lässt. Manche Patienten können außerdem nicht durch einen einzelnen Arzt therapiert werden, sondern es braucht ein interdisziplinäres Team. Bei chronischen Rückenschmerzen braucht es zum Beispiel einen Hausarzt, einen Orthopäden, einen Physiotherapeuten, einen Psychotherapeuten und so weiter. Jeder dieser Helfer tut, worauf er sich spezialisiert hat. Aber nur, wenn das Team *interoperabel*, also offen miteinander kommuniziert, entfesselt sich das Potenzial für eine erfolgreiche Therapie.

Um im Leben finanziell erfolgreich zu sein, darfst du nicht in starren Schubladen denken. Du brauchst verschiedene Blickwinkel. Und du musst den Willen haben, alle Puzzlestücke zusammenzulegen, um das ganze Bild zu erkennen.

Für mich persönlich ist (finanzieller) Erfolg nicht an die erste Million geknüpft. Ich messe ihn daran, wie viel ich vom wertvollsten „Asset“ der Welt zur Verfügung habe: Zeit. Heute verstehen meine Familie und Freunde meine Entscheidung besser und ich bin dankbar, diese wertvolle Zeit mit ihnen zu teilen.

So nutzt du dieses Buch

Krypto - und allgemein digitale Vermögenswerte[2] - sehe ich als eine Möglichkeit, mein Geld gegen etwas viel Wertvolleres einzutauschen: mehr Zeit. Und damit gegen ein Leben, das sich freier und erfüllter anfühlt.

In einem Zeitalter voller Reizüberflutung, Multitasking und Informationsflut sinkt unsere Aufmerksamkeitsspanne automatisch. Unsere Sinne werden überfordert, unsere Energie verteilt sich auf zu viele Baustellen. Am Ende landen wir im bekannten Hamsterrad und verlieren die Kontrolle über unser Leben.

Mit diesem Kompass möchte ich dir ein Stück Macht über dein Leben zurückgeben.

Das Buch soll deinen Lernprozess rund um Krypto beschleunigen. Damit du *nicht* dieselben Fehler machst wie ich. Damit du *nicht erst* Zeit verlierst, bevor du anfängst, sie dir zurückzuholen! Es soll dir helfen, die Chancen von Krypto zu erkennen und als Investor besser zu nutzen.

In **Teil 1** erhältst du die Grundlagen in einem Krypto-Crashkurs. Keine Angst, du musst nicht alles auf einmal verstehen. Ziel ist, dass du grob weißt, worum es bei Krypto geht, um dann gezielter zu investieren. Den ersten Teil kannst du jederzeit zur Hand nehmen, wenn du etwas nachschlagen willst.

Um das ein oder andere Krypto-Fremdwort wirst du dabei nicht herumkommen. Deshalb baue ich dir immer wieder ein **Merke** 📍,

---

[2] digitale Vermögenswerte = *digital assets*

Nerdboxen 🤓 und **Vokabelboxen** 💪 ein, damit du Schritt für Schritt zum Krypto-Brain wirst. Du schaffst das!

In **Teil 2** lernst du Krypto aus Sicht eines Investors kennen. Worauf solltest du achten, wenn du in Bitcoin oder Altcoins investierst? Anhand von **vier Geschichten** zu verschiedenen Investorentypen erfährst du, ob und wie Krypto in dein Leben passt. Passend dazu habe ich dir **Beispiele** 🔎, **Praxistipps** 💡 **und Praxisboxen** 💻 eingebaut, damit du konkrete Ideen an die Hand bekommst. Ziel ist, dass du danach selbstbestimmter investieren kannst. Nimm dir die Zeit und lies den Schinken. Du wirst feststellen: Es lohnt sich!

In beiden Teilen findest du Links zu passenden YouTube-Videos vom MissCrypto-Kanal 📺👉, falls du mehr über ein bestimmtes Thema wissen möchtest.

Lass uns direkt starten. Wie fängst du mit Krypto an?

TEIL 1

Krypto-Crashkurs: Wie du Krypto kaufst, aufbewahrst und wirklich verstehst

Was ist Krypto und was genau kaufst du eigentlich?

Weil sich Krypto schneller entwickelt, als man es kategorisieren kann, gibt es bis heute keinen weltweit anerkannten Rahmen, der Kryptowährungen einheitlich einordnet. Selbst Wikipedia schreibt, dass der Abschnitt zum Überblick überarbeitet werden muss.[3]

Abbildung 1: Kryptowährungen Bitcoin und Altcoins. Bitcoin ist die erste Kryptowährung, alle anderen nennt man Altcoins.

Wenn dich jemand das nächste Mal fragt, was Krypto ist, erklär ihm das einfach so: Eine **Kryptowährung** ist zu 100 % digital. Sie existiert technisch, aber du kannst sie nicht wie Papier anfassen.

Bitcoin (BTC) ist die älteste und bekannteste Kryptowährung. Wenn du an Bitcoin denkst, hast du vielleicht eine orangene Münze mit einem weißen „B" im Kopf. Aber *in echt* ist da keine Münze aus Gold.

Altcoins sind nach Bitcoin entstanden und sind alle Kryptowährungen außer Bitcoin (*alternative coins*). Altcoins umfassen eine breite

---

[3] https://de.wikipedia.org/wiki/Kryptow%C3%A4hrung, Stand Juni 2025

Palette von Projekten. Bekannte Beispiele sind Ethereum (ETH), XRP (XRP), Solana (SOL) oder Cardano (ADA).

Vielleicht hast du auch schon mal von Dogecoin (DOGE) gehört - ein Spaßcoin, der unter anderem durch Promis wie Elon Musk bekannt wurde. Wenn du an Dogecoin denkst, hast du möglicherweise ein Bild von einem Hund im Kopf. Aber auch hier gilt: *In echt* ist da kein Hund. Wo kämen wir denn da hin? 😀

PRAXISTIPP:

Auf meinem Youtube Kanal ***MissCrypto*** stelle ich dir immer wieder Beispiel-Projekte vor. Du findest die Videos alle in der Playlist ***Krypto Einfach Erklärt***:

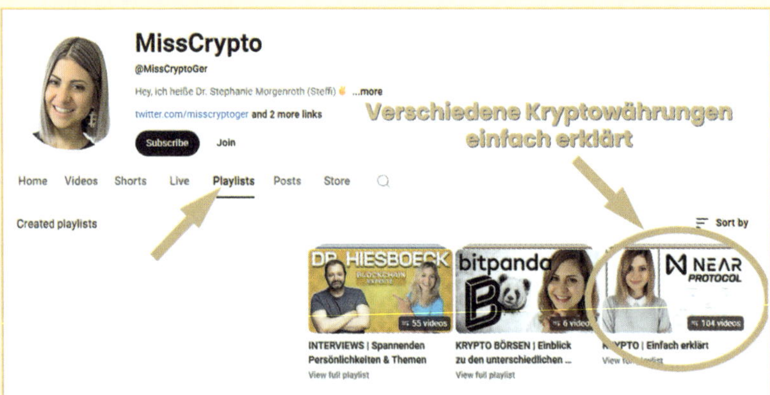

Kryptowährungen sind **keine gesetzlichen Zahlungsmittel**, also kein Geld oder eine Währung im klassischen Sinn. Und trotzdem bilden sie einen bestimmten Wert ab, wenn genügend Menschen daran glauben und sie nachfragen. Diesen Wert kann man digital übertragen, speichern und handeln.

📺 👉 **Für die Bafin (Bundesanstalt für Finanzdienstleistungsaufsicht, eine wichtige Behörde in Deutschland) fallen Kryptowährungen als Rechnungseinheiten u. a. unter das Kreditwesengesetz.**[4]

Eine digitale Währung muss programmiert werden. Je nach Code laufen im Hintergrund komplexe Berechnungen - aufwendige **kryptografische Rechnungen**. Diese kryptografischen Rechnungen verschlüsseln wichtige Informationen zu der jeweiligen Währung. Daher auch der Name **Krypto-Währung**.

Jetzt musst du ganz genau aufpassen: Eine Kryptowährung ist KEINE Blockchain. Wenn du das einmal verinnerlicht hast, wird der Rest später ein Klacks.

📍 **MERKE:** Kryptowährung ≠Blockchain
Bitoin ≠Blockchain

Kryptowährungen verwenden als technische Grundlage die sogenannte **Distributed-Ledger-Technologie**, kurz DLT, oder auf Deutsch: die Technologie eines verteilten Hauptbuchs bzw. Kassenbuchs. Die **Blockchain** ist dabei nur eine mögliche, aber die bekannteste Form davon. Einige moderne Altcoins wie Hedera (HBAR) nutzen andere Ansätze, zum Beispiel einen **gerichteten azyklischen Graphen**

---

[4] https://www.bafin.de/DE/Aufsicht/FinTech/Geschaeftsmodelle/DLT_Blockchain_Krypto/Kryptotoken/Kryptotoken_node.html

(englisch: *Directed Acyclic Graph*, DAG). Andere Projekte kombinieren verschiedene Technologien.

Keine Sorge, du musst nicht alles im Detail verstehen. Es reicht, wenn du die Begriffe schon mal gehört hast.

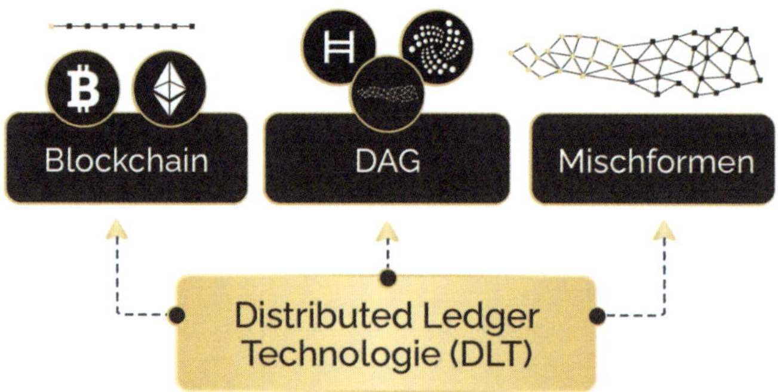

Abbildung 2: Arten von Distributed-Ledger-Technologien (DLT). DLT umfasst verschiedene Formen wie Blockchain, DAG und Mischformen, auf denen Kryptowährungen und Netzwerke basieren.

An dieser Stelle überlasse ich die technischen Feinheiten gerne den IT-Experten und bitte seht es mir nach, sollte ich als Laie nicht alles fachlich perfekt wiedergeben. Aber das Grundprinzip ist immer das gleiche und hier denken wir einfach mal ganz interoperabel!

🤓 Nerdbox: Was heißt interoperabel?

Interoperabel bedeutet allgemein: Systeme wie verschiedene Betriebssysteme (zum Beispiel iOS und Android), Geräte (PC, Handy) oder Programme (wie dein Google-Kalender) können miteinander kommunizieren und Daten austauschen, auch wenn sie unterschiedlich gebaut sind.

Übertragen auf Krypto heißt das: Blockchains sind interoperabel, wenn sie untereinander Werte oder Informationen austauschen können, obwohl sie technisch verschieden sind.

Interoperables Denken heißt: Du denkst nicht in festen Kästchen, sondern vernetzt. Du bleibst offen für neue Zusammenhänge und baust Brücken zwischen dem, was du schon kannst, und dem, was du noch lernen willst.

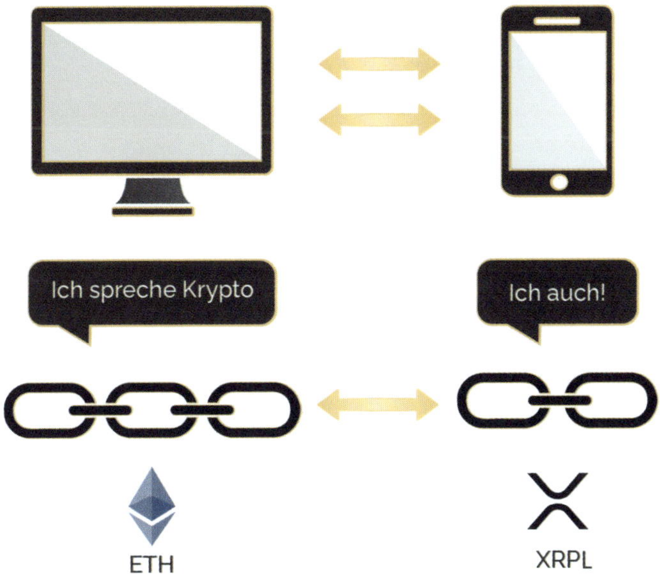

Abbildung 3: Interoperabilität zwischen Blockchains. Interoperabilität ermöglicht es, dass verschiedene Blockchains, z. B. Ethereum und XRPL, direkt miteinander Daten oder Werte austauschen können.

Die **Blockchain** bündelt immer mehrere Informationen in einem Block. Diese Blöcke hängen wie eine Kette zusammen, daher auch der Name **Block-Chain**.

Stell dir eine Blockchain wie eine Straße vor, auf der bestimmte Regeln gelten. Die Blockchain ist die Infrastruktur, also die Straße. Sie sorgt dafür, dass alles reibungslos und nachvollziehbar abläuft.

Die Kryptowährung ist wie ein Auto, das auf dieser Straße unterwegs ist. Es transportiert Werte oder Informationen - je nachdem, was das Protokoll erlaubt. Wenn du 1 Bitcoin verschickst, dann schickst du digitales Vermögen auf der Bitcoin-Blockchain hin und her.

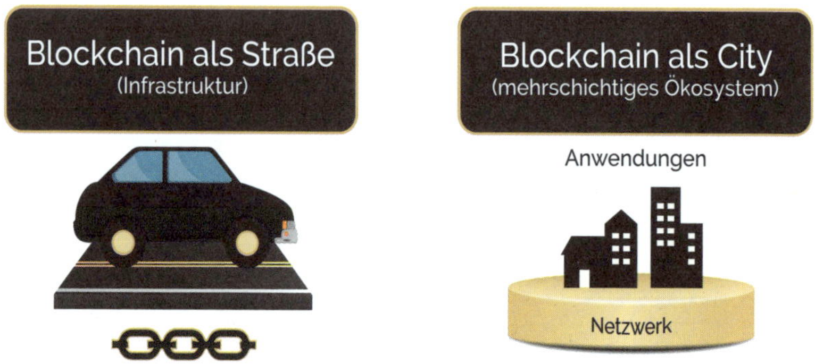

Abbildung 4: Blockchain als Infrastruktur und Ökosystem. Eine Blockchain kann man sich wie eine Straße vorstellen, auf der Werte transportiert werden, oder wie eine ganze Stadt mit mehreren Schichten, in der Anwendungen und Netzwerke zusammenarbeiten.

Aber die Blockchain ist nicht nur eine Straße für Transaktionen. So simpel ist das nicht. Sie ist ein ganzes **Netzwerk** aus vielen unabhängigen Teilnehmern! Sie ist vielmehr eine lebendige City, ein **mehrschichtiges Ökosystem** mit vielen verschiedenen Anwendungsfällen!

> 📍 **MERKE:** Blockchain = Netzwerk aus vielen unabhängigen Teilnehmern, die gemeinsam Buch führen.

Keine Sorge, technischer werde ich erst mal nicht. Warum die Blockchain so cool ist und deswegen Krypto das nächste große Ding ist, erfährst du noch früh genug.

Was kaufst du eigentlich, wenn du Kryptowährungen kaufst? **Coins** oder **Tokens**? Beides sind Begriffe, die im Alltag oft synonym verwendet werden. Doch wenn du später mehr zu den Altcoins kennenlernst, wirst du verstehen, warum ich Wert auf dieses kleine, aber feine Detail lege!

Im Wesentlichen liegt der Hauptunterschied zwischen einem Coin und einem Token darin, dass Coins eine eigene Blockchain haben, während Tokens keine haben *müssen* - aber *können*.

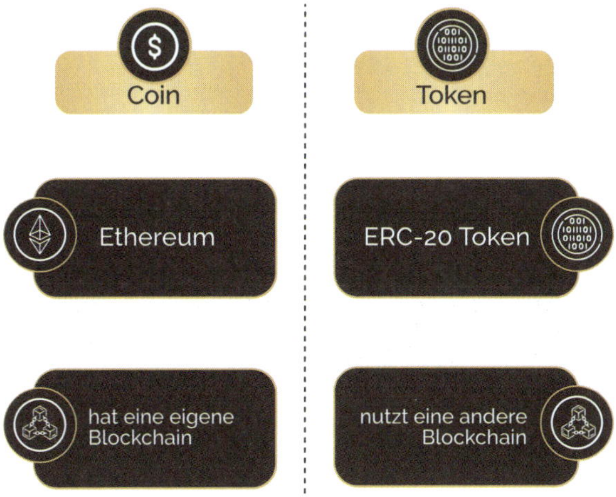

Abbildung 5: Unterschied zwischen Coin und Token. Ein Coin wie Ethereum hat eine eigene Blockchain. Ein Token wie ein ERC-20-Token nutzt dagegen die Blockchain eines anderen Netzwerks.

Tokens, die keine eigene Blockchain haben, kannst du dir wie Mitfahrer vorstellen. Sie nutzen die Infrastruktur eines bestehenden Netzwerks wie Ethereum, um zu „fahren". Dafür halten sie sich an technische Vorgaben für bestimmte Token-Typen, die wie ein Bauplan funktionieren.

🤓 Nerdbox: Beispiele für Token-Standards

Der bekannteste Bauplan ist der sogenannte **ERC-20-Standard**. Viele Kryptowährungen basieren darauf und bewegen sich auf dem Ethereum-Netzwerk.

Andere Netzwerke haben ähnliche Standards. Hier die bekanntesten:

SPL für Solana, **TRC-20** für Tron, **BEP-20** für die BNB Smart Chain von Binance.

All diese Standards regeln, wie eine Kryptowährung aufgebaut sein muss, damit sie problemlos auf den jeweiligen Netzwerken funktioniert.

Dieses Wissen um die Token-Standards hilft dir beim Ein- und Auszahlen von Krypto. Mehr dazu in Teil 2 im Kapitel *Meine wertvollsten 10 Tipps zum Schluss.*

Gerade Witz-Coins greifen gerne auf diese bequeme Trittbrettfahrer-Variante zurück. Denn so lassen sie sich viel schneller und einfacher entwickeln als ein Coin - nicht immer zur Freude seriöser Projekte!

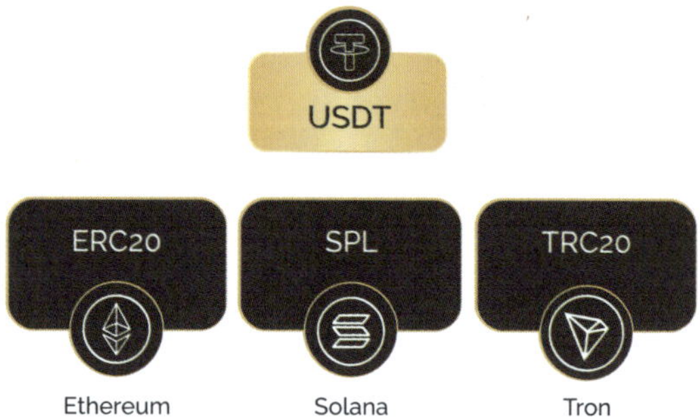

Abbildung 6: USDT auf verschiedenen Blockchains. Der Stablecoin USDT (Tether) existiert auf mehreren Blockchains, zum Beispiel als ERC-20 auf Ethereum, SPL auf Solana oder TRC-20 auf Tron.

Doch die Idee, keine eigene Blockchain zu haben, ist oft selbst bei „aufrichtigen Projekten" sinnvoll. Denn Tokens können sich theoretisch auf mehreren Blockchains gleichzeitig bewegen. Ein gutes Beispiel ist der USDT von Tether. Er läuft auf vielen bekannten Blockchains wie Ethereum, Solana oder Tron. Je nach Netzwerk passt er sich wie ein Chamäleon an und kann von viel mehr Menschen über verschiedene Blockchains genutzt werden (interoperabel!).

🤓 Nerdbox: Was bedeutet eine „native" Kryptowährung?

Kryptowährungen nennt man „nativ", wenn sie auf einer eigenen Blockchain laufen, also „hausgemacht" oder „systemeigen" sind.

Bitcoin ist **nativ** zur Bitcoin-Blockchain.

Ether (ETH) ist **nativ** zur Ethereum-Blockchain.

Coins heißen übersetzt „Münzen", Tokens eher „Wertmarken". Das deutet auf einen weiteren Unterschied hin, nämlich die Funktion der Kryptowährung: Coins sind meist Zahlungsmittel, Tokens können oft noch mehr. Ob du es am Ende „nativer Coin" oder „nativer Token" nennst, hängt davon ab, wie und wofür das Ding gebaut wurde - und ehrlich gesagt ist das oft ziemlich egal.

Coins dagegen können das nicht ohne Weiteres, sie laufen **unabhängig** voneinander. Bitcoin hat einen anderen Code als Ethereum oder - um in unserem Bild zu bleiben - andere Straßenverkehrsregeln. Ein Bitcoin kann nicht mal schnell die Regeln brechen und rüber nach Ethereum springen - und umgekehrt. Ihnen fehlt die Interoperabilität. Damit Coins zwischen Netzwerken reisen können, braucht es ein paar ausgeklügelte Tricks, die Entwickler anwenden.

Kurzgefasst: Auch wenn die Technik eine klare Linie zwischen Coins und Tokens zieht, verschwimmt diese Abgrenzung in der Alltagssprache gern mal. Und auch wenn das für dich im ersten Moment alles etwas kompliziert klingen mag, wird dir dieses Wissen beim Krypto-Verschicken definitiv helfen!

Ich habe am Anfang mal einen Token falsch verschickt, weil ich das falsche Netzwerk gewählt hatte. Der Token kam nicht am Zielort an. Hätte ich damals gewusst, was ich heute weiß, hätte ich mir wahrscheinlich viele Nerven und Geld gespart.

Wenn du Krypto kaufst, weißt du jetzt immerhin schon mal, was du da eigentlich kaufst. Du fragst dich jetzt sicher: „Schön und gut, Steffi, aber wie komme ich jetzt endlich an meine ersten Coins?"

Genau das schauen wir uns jetzt gemeinsam an.

🤓 Nerdbox: Sind alle digitalen Vermögenswerte Kryptowährungen?

Nein. Digitale Vermögenswerte (*digital assets*) sind der Oberbegriff für alle Vermögensformen, die rein digital existieren oder digital abgebildet sind. Kryptowährungen sind also **nur eine Unterform** davon.

Digitale Vermögenswerte *können* dieselbe Technologie wie Kryptowährungen nutzen (Blockchain-basiert oder DLT-basiert), sie *müssen* es aber nicht.

Erste Schritte – So kommst du an deine ersten Coins

Ich kann mich noch gut an meine ersten Schritte im Krypro-Bereich erinnern. Als die Preise Ende 2020 explodierten, hatte ich nur einen Gedanken: „Wie komm' ich schnell ran an die Coins?"

Laut einer Bitkom-Umfrage 2025 wusste etwa ein Viertel der Befragten nicht, wie man Kryptowährungen überhaupt kauft.[5] Ändern wir das doch mal! Grundsätzlich hast du zwei Ansätze, Krypto zu erwerben: Entweder du kaufst Krypto direkt oder indirekt.

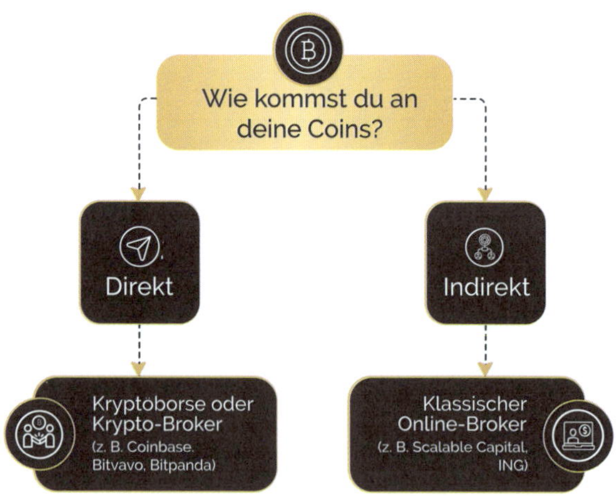

Abbildung 7: Direkter und indirekter Kauf von Kryptowährungen. Du kannst Coins direkt über Kryptobörsen oder Krypto-Broker kaufen oder indirekt über klassische Online-Broker, die Krypto-Produkte anbieten.

---

[5] Quelle: https://www.bitkom.org/Presse/Presseinformation/Ein-Viertel-offen-fuer-Kryptowaehrungen

Wenn du **direkt** in Krypto investierst, kaufst du zum Beispiel Bitcoin zum aktuellen Preis und besitzt die Coins tatsächlich selbst. Das geht am einfachsten über Kryptobörsen oder Broker. Bekannte Anbieter im deutschsprachigen Raum sind zum Beispiel Bitvavo, Coinbase, Bitpanda oder die BISON-App der Börse Stuttgart.

🤓 Nerdbox: Was ist der Unterschied zwischen einem Broker und einer Börse?

An einer **Kryptobörse** handelst du direkt mit anderen: Käufer und Verkäufer tauschen Coins über Handelspaare. Die Börse selbst ist nur die **Plattform**; sie stellt Handelsplatz und Technik bereit. Auf einer Börse regelt der Markt den Preis: Angebot und Nachfrage bestimmen den aktuellen Kurs.

Ein **Broker** dagegen ist grundsätzlich ein **Mittelsmann**. Er darf die Aufträge seiner Kunden entgegennehmen und diese an die Börse weiterleiten. Du handelst also nicht direkt am Orderbuch, sondern über deinen Broker. Manche Broker bieten zusätzlich auch eigene Preise (für eigene Produkte) an, die sich eng am Markt orientieren. In diesem Fall handelst du nicht gegen andere Trader, sondern direkt gegen den Broker selbst.

Indirekt in Krypto investieren heißt, den „Umweg" über ein klassisches Finanzprodukt zu gehen. Du kaufst ein börsengehandeltes Produkt bei einem Online-Broker (z. B. Scalable Capital, ING), das zum Beispiel den Bitcoin-Kurs lediglich abbildet, und nimmst damit indirekt an der Wertentwicklung von Kryptowährungen teil.

Die bekanntesten Produkte für diesen Weg heißen ETFs, ETCs oder ETNs. All diese Produkte werden an der Börse gehandelt und fallen unter den Oberbegriff ETPs - *Exchange Traded Products*. Sie unterscheiden sich jeweils in ihrer Struktur!

Finanzprodukt	Name	Erklärung
ETP	*Exchange Traded Product*	Oberbegriff für ETF, ETN und ETC: Alles, was an der Börse gehandelt wird und z. B. Krypto abbildet
ETF	*Exchange Traded Fund*	Börsengehandelter Fonds, der einen Index oder ein Asset (z. B. Bitcoin) abbildet Sehr streng reguliert: In den USA bereits verfügbar, in der EU noch keine echten Krypto-ETFs
ETN	*Exchange Traded Note*	Unbesicherte Schuldverschreibung - du leihst dem Anbieter dein Geld, in Deutschland zugelassen
ETC	*Exchange Traded Commodity*	Spezialform für Rohstoffe (wie Gold). Für Krypto in Europa „zweckentfremdet“, in Deutschland zugelassen
		Alle Angaben ohne Gewähr! (Stand 2025)

Was ist besser - direkt oder indirekt?

Das hängt ganz von dir ab: Willst du einfach nur an der Kursentwicklung teilhaben, ohne dich groß mit Krypto oder der Technik dahinter zu beschäftigen, reicht ein indirektes Investment. Vielen, die aus der klassischen Finanzwelt kommen, ist der Weg über ein normales Wertpapierdepot vertraut. Indirekte Produkte sind leicht zu handeln, bieten oft eine höhere Liquidität und ein reguliertes Umfeld.

Beachte aber: Du besitzt keine echten Coins. Du kannst sie nicht versenden und bist auf den Anbieter angewiesen. Die Auswahl ist oft begrenzt und manche Produkte hinken dem echten Kurs leicht hinterher. Dazu kommen laufende Gebühren, die sich besonders bei langfristigen Investitionen bemerkbar machen.

Wenn du aber wirklich Krypto besitzen und frei darüber verfügen willst, führt kein Weg am Direktkauf vorbei. Du zahlst dabei keine laufenden Depotgebühren, sondern nur beim Kauf und Verkauf der Coins. Dafür brauchst du ein gewisses Grundverständnis, wie man Kryptowährungen sicher aufbewahrt (s. nächstes Kapitel), und den Mut, die Verantwortung dafür selbst zu übernehmen.

Ich komme nicht aus der Aktienwelt und möchte die Vorzüge von Direktinvestitionen nicht missen. Jedoch weiß ich auch, dass das Geschmacksache ist, und bin dankbar, dass es mittlerweile viele klassische Anbieter gibt, die Menschen einen einfachen Einstieg über indirekte Krypto-Investments ermöglichen. Hier gibt es also keinen besseren oder schlechteren Weg, sondern nur den Weg, der zu dir passt.

💡 PRAXISTIPP:

Schritt für Schritt zu deinen ersten Coins:

1. Wähle eine Börse:

Such dir eine seriöse Kryptobörse, die zu dir passt. Achte auf Regulierung, Gebühren und die Coin-Auswahl.

💡 **Tipp:** Schau auf www.misscrypto.de vorbei - dort findest du eine Auswahl von Anbietern. Ich selbst nutze mehrere Börsen, um nicht alles bei einem Anbieter zu lassen, und lagere größere Beträge sicher auf meinem Hardware Wallet (s. unten).

2. Registriere dich: Erstelle ein Konto mit deiner E-Mail-Adresse und einem sicheren Passwort. Gib deine persönlichen Daten an und folge den Schritten. Das dauert meist nur ein paar Minuten.

3. Verifiziere dich: Lade ein Bild deines Ausweises hoch (z. B. Personalausweis oder Reisepass). Das ist gesetzlich vorgeschrieben. Die meisten Anbieter bieten ein einfaches Verifizierungsverfahren per Foto-Upload oder Video-Ident an.

4. Verknüpfe dein Bankkonto: So kannst du Geld einzahlen und später auch wieder auszahlen. Manche Anbieter bieten auch andere Methoden wie PayPal oder Sofortüberweisung an.

💡 **Wichtig:** Der Name deines Bankkontos muss mit dem Namen übereinstimmen, mit dem du dich bei der Börse registriert hast.

5. Zahle Geld ein: Überweise Geld auf dein Konto bei der Börse - je nach Anbieter per SEPA-Überweisung, Kreditkarte, PayPal oder andere Zahlungsmethoden. Per Echtzeit geht's bei vielen Banken innerhalb weniger Minuten. Je nach Methode dauert es ein paar Minuten bis zu einem Tag.

6. Kaufe deine ersten Coins: Sobald das Geld eingetroffen ist, kannst du loslegen: Wähle z. B. Bitcoin, Ethereum oder einen anderen Coin und bestätige deinen Kauf.

Apropos: Du willst nur indirekt dabei sein? Dann kannst du das nächste Kapitel über Wallets *eigentlich* überspringen. Ein Wallet brauchst du nämlich nur, wenn du Coins direkt hältst.

Aber lies es trotzdem! Denn das Wissen darüber schadet nicht. Und wer weiß ... Vielleicht willst du ja irgendwann doch eigene Coins besitzen.

Der S-Investor Stefan, den du später in Teil 2 noch kennenlernst, war genau so ein Fall: Anfangs hielt er Krypto nur für Spielerei und Wallets für zu „umständlich". Doch dann fing er mit ein paar Krypto-ETCs an ... und schon wenig später mit einem direkten Krypto-Sparplan.

Wallets – Wie du Krypto aufbewahren und managen kannst

Ein Banktresor für Gold, ein Geldbeutel für Bargeld, ein Festgeldkonto für deine Euro-Spareinlagen, ein Depot für deine Aktien - all das brauchst du in der Krypto-Welt nicht. Stattdessen benötigst du eine digitale Geldbörse, um deine Coins sicher zu speichern, zu senden und zu empfangen. In der Krypto-Welt nennt man diese Geldbörse *Wallet*.

Genau wie jedes Jahr neue Generationen von iPhones, Google Pixels oder Smartwatches auf den Markt kommen, werden auch Wallets immer besser. Sie werden moderner, leichter zu bedienen und nehmen dir viele Zwischenschritte ab.

Immer mehr klassische Banken wollen ihren Kunden in Zukunft helfen, Kryptowährungen direkt zu verwahren. Wenn du dir Krypto an einer Kryptobörse kaufst, bekommst du von der Plattform automatisch ein Wallet eingerichtet, ohne dass du etwas installieren musst.

Papier-Wallets (Cold Wallet, s. unten), auf denen früher alle Infos ausgedruckt waren, sind heute eher Relikte aus der Krypto-Steinzeit. Ich kenne ehrlich kaum jemanden, der so etwas noch nutzt. Trotzdem solltest du ein paar wichtige Dinge über Wallets wissen, vor allem dann, wenn du deine Coins selbst verwalten willst.

Wie kommst du jetzt an ein Wallet?

Eine einfache Möglichkeit ist, dass du dir ein Wallet als App auf dein Handy herunterlädst (**mobiles Wallet**). Alternativ installierst du dir die Software auf deinem PC und nutzt den großen Bildschirm

(**Desktop-Wallet**). Du kannst auch Wallets ohne Software-Installation über den Internetbrowser aufrufen (**Web-Wallet**), häufig auch in Verbindung als **Browsererweiterung**.

Abbildung 8: Hot Wallets und Cold Wallets im Vergleich. Hot Wallets sind mit dem Internet verbunden und einfach zu bedienen, Cold Wallets sind offline und gelten als die sicherste Option zur Aufbewahrung von Kryptowährungen.

Als Erstes unterscheidest du Wallets grob in Hot und Cold Wallets.

Immer dann, wenn dein Wallet mit dem Internet verbunden ist, spricht man von einem **Hot Wallet.** Metamask als Browsererweiterung ist z. B. ein Hot Wallet für Kryptowährungen rund um Ethereum.

MERKE: Für den Einstieg gilt die Faustregel:

Web- und Software-Wallet = Hot Wallet

Hardware-Wallet = Cold Wallet

Wie so oft gibt es Ausnahmen: Ein Software-Wallet kann auch als Cold Wallet gelten, wenn es auf einem Gerät ohne Internetzugang betrieben wird, z. B. auf einem alten Laptop, der dauerhaft offline bleibt.

Cold Wallets speichern alle wichtigen Infos offline. Sie sind nicht mit dem Internet verbunden. Die bekannteste Form für Privatanwender sind sogenannte **Hardware-Wallets**. Bekannte Anbieter sind Ledger, Trezor, Bitbox oder Tangem (Stand 2025).

Hardware-Wallets sind kleine physische Geräte. Je nach Anbieter sehen sie aus wie ein USB-Stick oder eine Bankkarte. Manche haben einen Touchscreen und leuchten bunt, andere kannst du per Fingerabdruck entsperren. Manche funktionieren sogar ohne Kabel per Bluetooth.

PRAXISTIPP:

Welches Wallet passt zu dir?

Mobile Wallets sind meist am einfachsten zu bedienen. Perfekt für den Einstieg und den Alltag.

Web-Wallets eignen sich eher für Fortgeschrittene, die viele Altcoins nutzen und verschiedene Blockchains aktiv bespielen.

Hardware-Wallets sind ideal für langfristiges Aufbewahren. Sie gelten als besonders sicher, weil sie offline sind - vorausgesetzt, du weißt, wie du dein Gerät und deine Coins richtig schützt.

Tipp: Achte vor einem Wallet-Kauf darauf, ob das Wallet die Kryptowährung unterstützt, die du halten willst. Es gibt Wallets nur für Bitcoin und andere, die fast alle Altcoins abdecken.

Als Zweites unterscheidest du Wallets in *non custodial* und *custodial*.

Custodial heißt übersetzt Aufseher oder Vormund. Hardware-Wallets stehen für eine ***Non-custodial***-Aufbewahrung. Hier hat niemand außer dir Zugriff auf deine Coins. Du hast volle Kontrolle und Privatsphäre, aber auch die volle Verantwortung.

Wenn du deine Coins stattdessen einer Kryptobörse oder einem anderen Anbieter anvertraust, spricht man von einer ***Custodial***-Aufbewahrung. Die Börse legt in deinem Namen ein Wallet an und verwahrt deine Coins für dich. Du kannst dann ganz bequem Krypto über die Plattform kaufen, verkaufen oder tauschen.

🤓 Nerdbox: Vorteile und Nachteile von Custodial-Wallets

Vorteil: Custodial-Wallets sind einfach zu bedienen. Wenn du deine Zugangsdaten oder Keys (Erklärung siehe unten) verlierst, hilft dir die Plattform oft weiter. Viele Einsteiger finden den Zugang so leichter, weil sie sich um weniger technische Details kümmern müssen.

Nachteil: Du gibst die Kontrolle ab. Die Plattform verwahrt deine Coins und nicht du. Wenn die Börse gehackt wird oder pleitegeht, könnten deine Coins weg sein. In der Kryptoszene sagt man deshalb: ***Not your keys, not your coins.*** Nicht deine Schlüssel, nicht dein Geld.

Der FTX-Kollaps ist das Paradebeispiel für diesen Spruch: Die zentrale Börse verwahrte die Kundengelder (*custodial*). Ende 2022 kam heraus, dass FTX Kundengelder u. a. für Risikogeschäfte mit der Schwesterfirma Alameda Research zweckentfremdet hatte. Als es zur Insolvenz kam, konnten Tausende Nutzer nicht mehr auf ihre Coins zugreifen.

Übrigens: Auch Hot Wallets können *custodial* oder *non custodial* sein. MetaMask zum Beispiel ist ein *non custodial* Hot Wallet - du hältst hier deine eigenen Schlüssel selbst in der Hand.

Bis hierhin ist das alles noch lässig. Sobald du deine Coins jedoch zwischen der Börse und einem externen Hardware-Wallet verschicken willst (Auszahlen von der Börse bzw. Einzahlen auf die Börse), brauchst du ein bisschen mehr Hirnschmalz. Jetzt wird es etwas technischer, dafür aber spannender!

Wie funktionieren Wallets und worauf solltest du bei der Selbstverwahrung achten?

Ein Wallet funktioniert eigentlich nicht wie ein klassischer Geldbeutel. Das ist wichtig zu verstehen, denn Kryptowährungen liegen nicht in deiner Wallet wie Bargeldscheine im Geldbeutel. Stattdessen liegen sie digital auf der Blockchain.

Wenn du deine Coins bewegen willst - also senden oder empfangen -, musst du das nicht selbst mit der Blockchain abwickeln. Genau dafür gibt es dein Wallet. Es ist sozusagen dein persönlicher Assistent. Du sagst dem Wallet, was du vorhast (z. B. 0,1 Bitcoin senden), und das Wallet kümmert sich um die technische Abwicklung mit der Bitcoin-Blockchain.

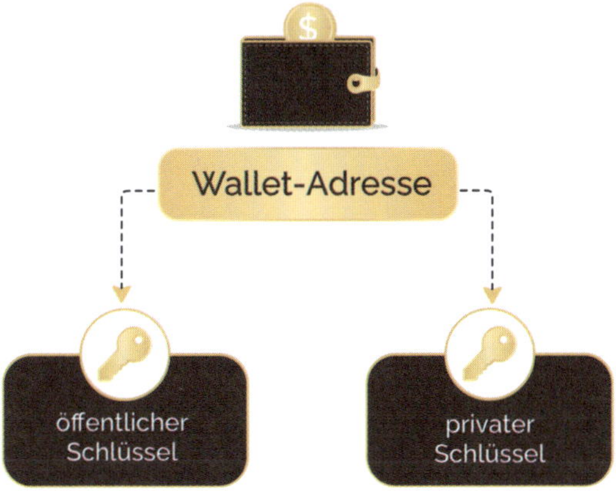

Abbildung 9: Wallet und Keys. Zu jeder Wallet-Adresse gehören ein öffentlicher Schlüssel, den du teilen kannst, und ein privater Schlüssel, den du sicher aufbewahren musst.

Natürlich will das Wallet von dir eine persönliche Autorisierung, sonst könnte ja jeder mit deinen Beständen machen, was er will! Damit das sicher funktioniert, arbeitet dein Wallet mit zwei Schlüsseln (**Keys**), die zu jeder Adresse gehören: einem öffentlichen Schlüssel und einem privaten Schlüssel. Die beiden sind mathematisch miteinander verknüpft.

🤓 Nerdbox: Unterkonten auf deinem Wallet

Streng genommen kannst du mit einer Wallet als Speicherort mehrere Adressen erstellen und verwalten. Zum Beispiel eine Bitcoin-Adresse 1, Bitcoin-Adresse 2, Ethereum-Adresse, XRP-Adresse, AltcoinXY-Adresse ...

Diese „Konten“ sind dann jeweils mit einem eigenen Satz von Public und Private Keys verbunden. Das ist so, als würdest du in deinem Online-Banking-Account verschiedene Unterkonten anlegen. Diese „Unterkonten“ bieten dir mehrere Vorteile in puncto Organisation und Sicherheit.

Den **öffentlichen Schlüssel**, auch **Public Key**, kannst du dir wie deine IBAN-Nummer vom Girokonto vorstellen - das ist deine Empfangsadresse. Die IBAN teilst du mit anderen, damit sie dir Geld überweisen können. Oder du gibst sie deiner Versicherung, damit sie per SEPA abbuchen kann. Den Public Key darf also jeder kennen, so wie Amazon deine Wohnadresse kennt, um dir Pakete zu schicken. Wenn dir also jemand Krypto senden möchte, gibst du ihm bitte **nur** diesen Public Key.

Fiktives Beispiel für einen Public Key (z. B. Bitcoin-Adresse), den du unbedenklich „copy-pasten" darfst:

Bc1qxy2kgdygjrsqtzq2n0yrf2493p83kkfjhx0wlh

Der **private Schlüssel**, auch **Private Key**, ist dein wahres Passwort. Er wird nach dem Zufallsprinzip kryptografisch erstellt und ist einzigartig. Mit dem privaten Schlüssel kannst du auf deine Kryptowährungen zugreifen und über dein Wallet Transaktionen abwickeln.

Weil der Private Key meistens ein langer Code aus Zahlen und Buchstaben ist und kaum jemand sich den Aufwand antun mag, notiert man in der Regel nicht den privaten Schlüssel selbst, sondern die sogenannte **Seed Phrase**.

Die Seed Phrase oder Wiederherstellungsphrase ist quasi das ultimative Master-Passwort, von dem aus sich alle Schlüssel („Passwörter") ableiten lassen. Es handelt sich um eine Reihe von **meistens** 12-24 zufällig erzeugten Wörtern, die du bei der ersten Wallet-Installation erhältst - und dir dann bitte direkt notierst!

Ein Beispiel für eine 12-Wörter-Seed-Phrase, wie sie auch in echten Wallets vorkommen könnte:

airport jungle ladder market onion honey rocket sleep
summer taxi velvet yellow

Hinweis: Es handelt sich nur um eine Demo-Seed-Phrase!

Wichtig: Die Wörter sind durch Leerzeichen getrennt. Nur in der **exakten** Reihenfolge und **ohne zusätzliche Leerzeichen** kannst du deine Wallet wiederherstellen, falls du dein Gerät verlierst oder keinen Zugang mehr hast.

🤓 Nerdbox: Log-in über Google statt Seed Phrase - Wallets werden einfacher!

Krypto-Anwendungen entwickeln sich weiter in Richtung Alltagstauglichkeit.

MetaMask hat z. B. vor Kurzem eine neue Funktion eingeführt: den Social Log-in.[6] Bisher mussten Nutzer beim Erstellen ihres Wallets die Seed Phrase verwenden. Jetzt kann man seine Wallet auch mit einem klassischen Google- oder Apple-Account erstellen und später wiederherstellen. Im Hintergrund wird zwar weiterhin eine Seed Phrase generiert, sie bleibt aber verschlüsselt und ist nur mit deinem Log-in und einem persönlichen Passwort abrufbar.

Das Prinzip der Selbstverwahrung bleibt dabei erhalten. Weder MetaMask noch Google oder Apple sollen alleinigen Zugriff erhalten. Wichtig ist allerdings, dass man das gewählte Passwort nicht vergisst, denn anders als bei klassischen Accounts lässt es sich *nicht einfach zurücksetzen!* Kritiker bemängeln, dass mit dem Log-in über zentrale Anbieter wie Google oder Apple wieder ein Stück Abhängigkeit von großen Tech-Konzernen entsteht.

Bitte teile **niemandem** den Private Key (bzw. deine Seed Phrase) mit, um dich vor Diebstahl zu schützen. Jeder, der deinen Private Key hat, kann deine Bestände kontrollieren. Zu viele Betrüger haben schon auf diesem Weg versucht, Leute dazu zu bringen, ihre Private Keys auf gefälschten Webseiten einzugeben.

---

[6] https://metamask.io/news/introducing-metamask-social-login

📍 Auch ich kämpfe regelmäßig mit Fake-Accounts, die sich als mich auf Youtube, X, Instagram und Co ausgeben und versuchen, meine Community abzuzocken! Leider sind diese „Fake-MissCryptos“ meistens so aktiv, dass ich mit dem Melden nicht hinterherkomme!

Bitte achte darauf, dass du der echten MissCrypto folgst und nicht einem Fake. Ich schreibe dir niemals persönliche Nachrichten, bitte dich nie um Geld und frage dich auch niemals nach deinen privaten Schlüsseln!

Im Umkehrschluss kannst du mit diesem Wissen **Vorkehrungen für die Zukunft** treffen: Bei uns zu Hause weiß mein Partner, wo er die Passwörter findet. Sollte ich aus welchen Gründen auch immer aus dem Leben treten, nehme ich den digitalen Schatz nicht mit ins Grab.

Immer wieder spreche ich auch mit älteren Anlegern, die Krypto gar nicht für sich selbst nutzen, sondern gezielt vererben wollen. Einer von ihnen legt zum Beispiel Bitcoin für seine Enkel auf einer Hardware-Wallet an und hat über mehrere Wege sichergestellt, dass die nächste Generation die Zugangsdaten auch wirklich findet. „Am meisten werden sich die Erben über meine Investments freuen“, verriet der Rentner mir schmunzelnd.

Hier drei weitere Tipps aus der Erfahrung mit ***Non-custodial***-Wallets an dich:

Tipp 1: Lege dir ein Passwortbuch zu

Schreibe deine Seed Phrase und weitere Passwörter am besten auf ein dickeres Blatt Papier und bewahre das Papier sicher auf.[7] Am besten nimmst du dafür ein kleines Notizbuch, das vor Sonnenlicht und Wasser geschützt ist. Bleistift-Gekritzel ist schnell wegradiert, besser ist z. B. ein Kugelschreiber oder etwas, das nicht so schnell verschmieren kann. Wenn du mit der Zeit merkst, dass die Wörter verblassen

[7] Es gibt noch weitere Möglichkeiten, z. B. das Eingravieren bzw. Stanzen in Metallplatten.

oder verschmieren, dann erneuere dein Passwortbuch. Die Arbeit muss sein!

Achte beim Aufschreiben darauf, dass du die Wörter in der richtigen Reihenfolge notierst. Ein Zahlen- oder Buchstabendreher - und das war's.

Tipp 2: Mehrere Bücher, mehrere Orte

Noch mehr Sicherheit erhältst du, wenn du dir die Wortkombination in mehrere Passwortbücher schreibst und diese an unterschiedlichen Orten aufbewahrst. Du weißt ja nicht, ob dein Zuhause überschwemmt wird, Feuer fängt oder du umziehst und dann deine Notizen verloren gehen.

Speichere die Seed Phrase bzw. den Private Key also **nicht** online - nicht in einer Cloud wie Google Drive oder Dropbox, nicht auf deinem Handy oder Laptop. Jemand, der die Cloud oder dein Handy hackt, kann deine Bestände kontrollieren.

Tipp 3: Fang klein an!

Wenn du das erste Mal Krypto von deiner Börse auf ein Hardware-Wallet oder auf das Konto auf einer anderen Börse auszahlen willst, führe zunächst einen Test durch:

Fange mit kleinen Beträgen an, damit du - falls etwas schiefläuft - nicht gleich alles auf einmal verlierst. Zu viele Menschen haben ihre Coins ins Nirwana verfrachtet, weil sie aus Versehen das falsche Netzwerk (= Blockchain) ausgewählt haben oder die Adresse nicht richtig kopiert haben. Wenn du noch mehr Tipps zum Auszahlen brauchst, spring doch kurz ins letzte Kapitel (meine zehn wertvollsten Tipps zum Schluss) zu Tipp 8!

📺👉 Hier das passende Video auf Youtube:

Das Wichtigste zusammengefasst:

Die verschiedenen Wallets haben jeweils ihre Vor- und Nachteile. Für was du dich entscheidest, hängt von deinen persönlichen Vorlieben ab. Nicht jedes Wallet unterstützt jede Kryptowährung. Es gibt Wallets, die nur Bitcoin speichern, und andere, die auch Altcoins verwalten können.

Hot Wallets gelten als anfälliger für Hackerangriffe, bieten dafür aber schnellen, kostengünstigen und benutzerfreundlichen Zugriff auf deine Coins. Sie sind daher gut für Einsteiger, für die alltägliche Nutzung und kleinere Beträge.

Hardware-Wallets sind in der Regel sicherer, kosten je nach Anbieter aktuell zwischen 50 und 400 Euro und wirken gerade bei der Einrichtung und in den ersten Wochen etwas ungewohnt. Auch der Transfer von Coins zwischen Börse und Hardware-Wallet dauert etwas länger und ist weniger bequem. Sie sind daher ideal, um größere Summen langfristig sicher aufzubewahren.

Ich selbst (wie viele andere) nutze daher eine Kombination aus Hot und Cold Wallets. Bei mir hat alles damit angefangen, dass ich einen unbekannten Altcoin gekauft habe und eine extra App dafür brauchte. Inzwischen verwende ich verschiedene Wallets (Handy, PC) sowie Hardware-Wallets von verschiedenen Anbietern.

Jedenfalls entwickelt sich die Technologie rasant! Die modernen Wallets sind längst nicht mehr reine Aufbewahrungsorte, sondern vielmehr Angelpunkt für verschiedene Anwendungsfälle von Kryptowährungen.

In Zukunft werden Wallets dank Künstlicher Intelligenz wie smarte Assistenten deine Kaufwünsche umsetzen, während du entspannt deinen Drink genießt. Schließlich ist Zeit das wichtigste Asset der Welt und Krypto mehr als nur Geld, wie du im nächsten Kapitel erfährst. 😉

💪 Vokabelbox: Bis hierher hast du folgende Begriffe gelernt:

Kryptowährungen	umgangssprachlich auch Krypto, Kryptos oder Crypto
Blockchain	Teil der Distributed Ledger Technologie (DLT) = Infrastruktur
Bitcoin	erste und weltweit am Markt stärkste Kryptowährung
Altcoins	die „alternativen Coins“ zu Bitcoin
Digitale Vermögenswerte	Oberbegriff, zu dem auch Krypto gehört
Coins und Tokens	Diese Begriffe verwenden wir im Alltag schwammig, aber für die Analyse später liegt der Teufel im Detail!
Hot Wallet und Cold Wallet	Art virtueller Geldbeutel (online vs. offline)
Public Key und Private Key	Der Public Key dient als eine Art Kontonummer, mit der andere Nutzer Kryptowährung übertragen können. Dabei ist es unmöglich, aus den Einträgen auf der Blockchain auf den privaten Schlüssel zu schließen.
Seed Phrase	zufällig generierte Abfolge von 12 bis 24 Wörtern, die die gesamte Struktur einer Kryptowallet sichert und als Hauptschlüssel für alle darin gespeicherten privaten Schlüssel fungiert

Was Krypto alles kann: Mehr als nur Geld!

Die Geldroutine

Vor Krypto habe ich Geld genutzt, aber mich nie gefragt, was es für mich bedeutet. Geld verdient man halt, und das war's! Als Kind hatte ich in meinem Regal zu Hause ein buntes Keramiksparschwein. Jedes Mal, wenn ich Geburtstag hatte oder Weihnachts- oder Taschengeld bekam, steckte ich den Großteil ins Schwein – und das Geld war für mich damit nicht nutzbar.

Als Jugendliche habe ich ganz klassisch auf meinem Sparkonto mein Geld zusammengehalten. Ich habe mir damals von einer Beraterin meiner Hausbank einen Bausparvertrag andrehen lassen, obwohl ich nicht wusste, ob ich jemals ein eigenes Haus bauen will.

Auch als Studentin empfand ich Finanz- und Wirtschaftsthemen als trocken. Markt und Kapitalismus waren für mich Schlagworte, mit denen ich als angehende Medizinerin nicht warm wurde. Ironischerweise habe ich immer versucht, die Zusammenhänge einer Erkrankung zu verstehen. Ich wollte einen Patienten mit Bluthochdruck nicht nur mit einem Medikament abfertigen; auch wenn er damit zufrieden gewesen wäre, ich war es nicht!

Die Bedeutung von Geld für unser gesundheitliches Wohlbefinden hatte ich nicht mit einbezogen. Hätte ich nicht von Krypto gelesen, hätte ich vermutlich weiterhin nur in Fortbildungen zum Thema Gesundheit investiert.

Irgendetwas an Krypto ließ mich nicht los. Mit jedem Tag erkannte ich, dass Krypto viel mehr war als nur digitales Geld oder ein Anlagevehikel.

Es ging um die Technologie mit der Idee dahinter: viele renovierungsbedürftige Systeme (Finanzen, globaler Handel, Internet, Kommunikation usw.) zu verbessern und die Art, wie wir Vermögenswerte und Ressourcen in unserer Gesellschaft verteilen, auf ein neues Level zu bringen.

Ich war ... von Krypto fasziniert. Ich gründete aus dieser Motivation heraus meinen YouTube-Kanal, um möglichst viele Menschen auf der Reise in die digitale Zukunft zu begleiten. Sie nicht allein zu lassen mit diesem schwierigen und doch so wichtigen Thema!

Seitdem hat Krypto meinen Blick auf Geld und Finanzen komplett verändert. Ich entschied mich bewusst für Krypto und dafür, Menschen darüber aufzuklären. Dafür musste ich Krypto logischerweise selbst erst mal besser verstehen. Ich brauchte Zeit zum Lernen! Weil ich mich nicht zerteilen konnte, löste ich mich von der Medizin. Das war der Preis, den ich zahlte. Leicht fiel es mir nicht.

Und auch mit dem Geldverdienen wurde es nicht sofort besser. Mit YouTube allein reichte es anfangs einfach nicht, um die Rechnungen zu bezahlen. Mein Partner übernahm einen Teil der Fixkosten und wir begannen, unsere Finanzen genauer unter die Lupe zu nehmen.

Schon vor Krypto hatten wir einen groben Überblick über unser Geld, aber ab diesem Moment begannen wir gezielter, unser Vermögen zusammenzurechnen: Wir erstellten eine einfache Excel-Tabelle, die später Grundlage unserer heutigen Geldroutine und unseres Kontomodells werden sollte.

PRAXISTIPP:

Die Geldroutine - So versuche ich, meine Finanzen in den Griff zu bekommen

Die Excel-Tabelle war zu Beginn super einfach (s. Bild)! Einmal im Monat setze ich mich hin und trage meine Einnahmen und Fixkosten ein. Das Ziel ist es, die Fixkosten so schlank wie möglich zu halten.

A	B	C	D	E	F	G	H	I	J	K	L	M	N
Einnahmen	**Januar**	**Februar**	**März**	**April**	**Mai**	**Juni**	**Juli**	**August**	**September**	**Oktober**	**November**	**Dezember**	**Gesamt**
Einnahme 1	0,00 €	0,00 €	0,00 €	0,00 €	0,00 €	0,00 €	0,00 €	0,00 €	0,00 €	0,00 €	0,00 €	0,00 €	0,00 €
Einnahme 2	0,00 €	0,00 €	0,00 €	0,00 €	0,00 €	0,00 €	0,00 €	0,00 €	0,00 €	0,00 €	0,00 €	0,00 €	0,00 €
Einnahme 3	0,00 €	0,00 €	0,00 €	0,00 €	0,00 €	0,00 €	0,00 €	0,00 €	0,00 €	0,00 €	0,00 €	0,00 €	0,00 €
Fixkosten													
Miete 2	0,00 €	0,00 €	0,00 €	0,00 €	0,00 €	0,00 €	0,00 €	0,00 €	0,00 €	0,00 €	0,00 €	0,00 €	0,00 €
Strom	0,00 €	0,00 €	0,00 €	0,00 €	0,00 €	0,00 €	0,00 €	0,00 €	0,00 €	0,00 €	0,00 €	0,00 €	0,00 €
Gas	0,00 €	0,00 €	0,00 €	0,00 €	0,00 €	0,00 €	0,00 €	0,00 €	0,00 €	0,00 €	0,00 €	0,00 €	0,00 €
Handy	0,00 €	0,00 €	0,00 €	0,00 €	0,00 €	0,00 €	0,00 €	0,00 €	0,00 €	0,00 €	0,00 €	0,00 €	0,00 €
Fitness Abo	0,00 €	0,00 €	0,00 €	0,00 €	0,00 €	0,00 €	0,00 €	0,00 €	0,00 €	0,00 €	0,00 €	0,00 €	0,00 €
Versicherung 1	0,00 €	0,00 €	0,00 €	0,00 €	0,00 €	0,00 €	0,00 €	0,00 €	0,00 €	0,00 €	0,00 €	0,00 €	0,00 €
Versicherung 2	0,00 €	0,00 €	0,00 €	0,00 €	0,00 €	0,00 €	0,00 €	0,00 €	0,00 €	0,00 €	0,00 €	0,00 €	0,00 €
Netflix	0,00 €	0,00 €	0,00 €	0,00 €	0,00 €	0,00 €	0,00 €	0,00 €	0,00 €	0,00 €	0,00 €	0,00 €	0,00 €
Auto	0,00 €	0,00 €	0,00 €	0,00 €	0,00 €	0,00 €	0,00 €	0,00 €	0,00 €	0,00 €	0,00 €	0,00 €	0,00 €
sonstiges	0,00 €	0,00 €	0,00 €	0,00 €	0,00 €	0,00 €	0,00 €	0,00 €	0,00 €	0,00 €	0,00 €	0,00 €	0,00 €
sonstiges	0,00 €	0,00 €	0,00 €	0,00 €	0,00 €	0,00 €	0,00 €	0,00 €	0,00 €	0,00 €	0,00 €	0,00 €	0,00 €
sonstiges	0,00 €	0,00 €	0,00 €	0,00 €	0,00 €	0,00 €	0,00 €	0,00 €	0,00 €	0,00 €	0,00 €	0,00 €	0,00 €
sonstiges	0,00 €	0,00 €	0,00 €	0,00 €	0,00 €	0,00 €	0,00 €	0,00 €	0,00 €	0,00 €	0,00 €	0,00 €	0,00 €
sonstiges	0,00 €	0,00 €	0,00 €	0,00 €	0,00 €	0,00 €	0,00 €	0,00 €	0,00 €	0,00 €	0,00 €	0,00 €	0,00 €
sonstiges	0,00 €	0,00 €	0,00 €	0,00 €	0,00 €	0,00 €	0,00 €	0,00 €	0,00 €	0,00 €	0,00 €	0,00 €	0,00 €
sonstiges	0,00 €	0,00 €	0,00 €	0,00 €	0,00 €	0,00 €	0,00 €	0,00 €	0,00 €	0,00 €	0,00 €	0,00 €	- €
Übersicht	**Januar**	**Februar**	**März**	**April**	**Mai**	**Juni**	**Juli**	**August**	**September**	**Oktober**	**November**	**Dezember**	**Gesamt**
Einnahmen	0,00 €	0,00 €	0,00 €	0,00 €	0,00 €	0,00 €	0,00 €	0,00 €	0,00 €	0,00 €	0,00 €	0,00 €	0,00 €
Fixkosten	0,00 €	0,00 €	0,00 €	0,00 €	0,00 €	0,00 €	0,00 €	0,00 €	0,00 €	0,00 €	0,00 €	0,00 €	0,00 €
Investment	**0,00 €**	**0,00 €**	**0,00 €**	**0,00 €**	**0,00 €**	**0,00 €**	**0,00 €**	**0,00 €**	**0,00 €**	**0,00 €**	**0,00 €**	**0,00 €**	0,00 €

Ich frage mich dazu: Brauche ich das Netflix-Abo gerade? Ist der alte Handyvertrag noch sinnvoll? Lässt sich beim Strom oder der Versicherung etwas sparen? So sehe ich sofort, wie viel am Monatsende übrig bleibt und wie viel ich in Krypto investieren kann.

Aus dieser Tabelle ist mein heutiges Kontenmodell entstanden, das sich ständig weiterentwickelt und heute viel detailreicher ist als früher:

- **Hauptkonto:** Hier landen alle Einnahmen von YouTube und Co. Davon gehen auch Miete, Versicherungen und Strom ab.
- **Lebensgeldkonto:** Mein Alltagstopf. Einkaufen, Kaffee, Maniküre - alles, was mein tägliches Leben betrifft.
- **Invest- und Kapitalkonto:** Hier liegt mein Geld für Rücklagen als Puffer, falls mal etwas schiefgeht, und für Investitionen.
- **Urlaubskonto:** Für meine Reisen und besondere Lebenswünsche außerhalb des Alltags.

Diese vier Konten geben mir Überblick. So kann ich sagen: Das ist das Geld fürs Leben, das ist für die Zukunft und das ist für mich.

Es geht mir nicht darum, mich einzuschränken und rigoros zu kontrollieren, denn es ist ja meine Tabelle mit meinen Regeln. Es geht vielmehr darum, dass ich mir Zeit nehme, um mich bewusst mit meinen Ausgaben auseinanderzusetzen. Das ist meine Geld-Routine. Sie hilft mir wie ein Kompass immer wieder zurückzufinden, wenn ich mal vom Budget abweiche. Und das gibt mir Sicherheit!

Die Tabelle war der erste Handlungsschritt, um unsere Finanzen in den Griff zu bekommen. Ich hätte nie gedacht, wie viel man über sich selbst lernt, wenn man seine Ausgaben ehrlich trackt. Als wir die Tabelle mal ein paar Monate nicht pflegten, schluderten wir mit unseren Ausgaben so sehr, dass wir wieder damit anfingen.

„Warum war ich letzten Monat so oft einkaufen? Wo sind die 200 Euro hin und warum habe ich schon wieder die Kreditkarte benutzt?"

Parallel stellten wir uns die Frage: „Wie können wir auf dem Weg möglichst viel investieren?"

Wir schmissen zunächst den Großteil unserer Rücklagen in Krypto, während ich meine ersten Videos drehte. Rückblickend war das sicher nicht die optimale Vorgehensweise. Aber für uns war es damals der Startschuss, konsequent Prioritäten zu setzen.

Und dann versuchten wir, unsere Investitionsquote zu erhöhen:Wir reduzierten anfangs unsere Freizeitaktivitäten auf kleine Ausflüge, während Freunde von uns nach Asien flogen. Wir verkauften unser erstes Auto, während sich Arbeitskollegen bereits ein neues leisteten. Wir verkauften altes Zeug auf eBay und ich löste meinen Bausparvertrag auf, während sich andere ein neues Haus bauten. Unsere Wohnung selbst richteten wir nur spartanisch ein: Regale und Schreibtisch von Ikea, ein Bett. Kein Schrank, kein kuschliger Sessel, wenig Deko. Wir schauten Netflix über einen alten Laptop, den wir über Kabel an einen (alten) Fernseher anschlossen, um einen größeren Bildschirm zu haben. Das war kein Smart TV!

Bekamen wir Geld zu Weihnachten oder zum Geburtstag, floss das nicht in neue Kleidung, sondern in Krypto.

Wie oft dachte ich als junge Frau daran, mir einfach mal ein *richtig teures Kleid* zu kaufen, mich *so richtig aufzubrezeln* und mich damit auf *so einem richtig angesagten Event* zu präsentieren! Stattdessen trug ich die handgestrickten Socken meiner Schwiegermutter in spe!

Kurzum: Das war mein nicht ganz so schillernder Anfang als Investor. Wir verzichteten auf vieles, weil wir in Krypto das Potenzial sahen, unsere ersten Meilensteine zu erreichen und für unsere Zukunft zu sorgen.

Ich erzähle dir das alles nicht, damit du es genauso machst - sondern besser. Denn ich vergaß gerade in den ersten Jahren mit Krypto das Leben im Hier und Jetzt. Und damit das wertvollste Asset der Welt: Zeit.

Heute habe ich daraus gelernt und versuche das Investieren mit mehr Leichtigkeit als Grundroutine meines Lebens anzunehmen. Ich arbeite mit meinem Partner immer noch an unseren finanziellen Meilensteinen. Wir reflektieren immer noch mit unserer monatlichen Geldroutine unsere Einnahmen und Fixkosten. Wir bauen Schritt für Schritt unser Vermögen auf. Ich versuche Krypto mit jedem Tag besser zu verstehen, um unser Portfolio langfristig zu verbessern und mein Wissen darüber über Content zu teilen. Es sieht vielleicht so aus, als hätte sich nicht viel verändert. Aber innerlich hat sich für mich enorm viel getan! Allein diese Erfahrungen waren mir die Reise allemal wert.

Du bekommst jetzt die Gelegenheit, Krypto über eine kleine Zeitreise kennenzulernen. Keine Sorge: Das wird kein langweiliger Geschichtsvortrag!

Ziel ist, dass du Krypto schrittweise besser verstehst, ohne dabei das Leben zu verpassen. Vielleicht erkennst du danach, warum ich, wie viele andere auch, so viel Potenzial in Krypto sehe.

Vom Tausch zum Token in sieben Stufen

Geld, Werte und wie wir Handel betreiben, haben sich im Laufe der Menschheitsgeschichte mit jedem technologischen Fortschritt verändert. Was in der Steinzeit ein einfacher Tausch zwischen zwei Menschen war, ist heute ein globales Netzwerk aus Banken, PayPal und Co!

Mit Krypto betreten wir ein völlig neues Spielfeld. Die Blockchain-Technologie ist der nächste logische Schritt, der aus unserem Finanzsystem mehr macht als bisher.

Du bekommst hier einen einfachen Leitfaden in **7 Stufen** vom Tausch zum Token. Ich nenne ihn die **Wertpyramide**. Sie zeigt dir, wie sich unser Verständnis von Geld, Werten und Infrastruktur über die Jahrhunderte entwickelt hat.

Wir sind gerade mitten im Umbruch, wo alte und neue Systeme aufeinandertreffen.

Während du diese Zeitreise entlang der Stufen mitmachst, wirst du feststellen, wie in deinem Kopf ein ganz neues Bild von Geld entsteht. Du wirst verstehen, welche Schlüsselrolle Krypto einnimmt und dass weitaus mehr dahintersteckt als lauter witzige Coins!

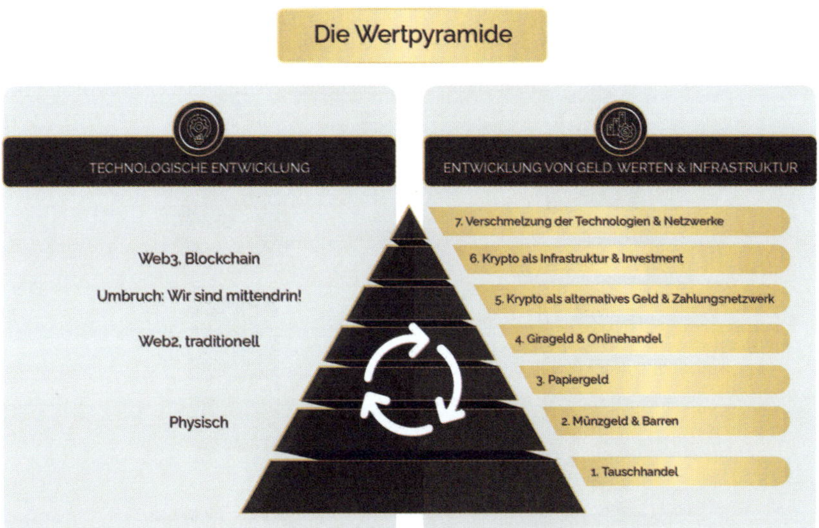

Abbildung 10: Die Wertpyramide. Die Wertpyramide zeigt die Entwicklung von Geldformen und Technologien - vom Tauschhandel über Münzgeld, Papiergeld und Giralgeld bis hin zu Krypto als Infrastruktur, Investment und Teil einer vernetzten Technologie-Zukunft.

Stufe 1: Tauschhandel

Die erste Stufe beginnt in der Jungsteinzeit (Neolithikum), als die Geschichte des Geldes ihren Anfang nahm. Denn um etwa 10 000 vor Christus gab es noch kein Geld. Die Menschen veränderten damals ihre Lebensweise: Aus nomadischen Jägern und Sammlern wurden sesshafte Bauern und mit der Sesshaftigkeit begann der Tauschhandel.

Folgendes Szenario: Nehmen wir an, ich bräuchte eine Kuh, die mir Milch gibt. Ich weiß, dass du Kühe hast. Im Tausch hätte ich dir Schafswolle für deine Kleider angeboten. Doch was, wenn du meine Wolle gar nicht gewollt hättest, sondern lieber ein Huhn? Und genau da lag das Problem beim reinen Tauschhandel: Wenn du etwas gebraucht hättest, das ich aber nicht habe, hätte kein Handel zwischen uns beiden stattgefunden. Ohne Huhn kein Deal, wie man heute sagen würde. Genau an dieser Stelle kam das erste Mal Geld ins Spiel.

Abbildung 11: Tauschhandel

Stufe 2: Münzgeld und Barren

Die Menschen kamen auf die Idee, wertvolle Edelmetalle wie Gold oder Silber zu benutzen. Schon in der Bronzezeit haben Menschen Hacksilber gewogen, um damit zu bezahlen. Die kleinen Silberstücke wurden wie auf einer alten Marktwaage abgewogen. Die mächtigen Azteken aus Mittelamerika verwendeten sogar Goldstaub. In Westafrika schmiedeten manche Kulturen Armreifen aus Bronze oder Kupfer, sogenannte Manillen, die als Geld dienten. Mit der Zeit fing man an, Münzen zu prägen.

Weil es Gold und Silber war, haben die Leute es als Tauschmittel akzeptiert. Ich hätte dir Silbermünzen für deine Kuh geben können und du wusstest: Mit Silber konntest du dir bei einem anderen im Dorf ein Huhn kaufen. Als in China im 11. Jahrhundert der Handel immer stärker zunahm und Edelmetalle knapper wurden, setzten viele zunehmend auch unedle Metalle wie Eisengeld ein. Doch irgendwann hatte man keine Lust mehr, für jeden größeren Deal fernab vom Nachbardorf das schwere Münzgeld herumzuschleppen. Und so kam das Papiergeld in Mode.

Abbildung 12: Münzgeld und Barren

Stufe 3: Papiergeld (Banknoten)

Die Händler in der Region Sichuan setzten zunächst Papiergeld als eine lokale und private Lösung ein, um das Hantieren mit Eisengeld zu umgehen. Doch schon bald erkannte der Staat das Potenzial, machte das neue Zahlungsmittel offiziell und übernahm die Kontrolle. Im Laufe der Zeit entstanden eine Reihe staatlicher Notenbanken, die Banknoten neben Münzen als Form von Bargeld (!) ausgaben.

Hier drei wichtige Stationen: 1694 die Bank of England (**BoE**) im Vereinigten Königreich, 1875 die Reichsbank in Deutschland und 1913 die Federal Reserve (**FED**) in den USA.

Der Clou ist, dass Papiergeld anders als Metall keinen echten materiellen Eigenwert hat. Und trotzdem funktioniert es als Tauschmittel, weil die Menschen dem Staat vertrauen!

Abbildung 13: Papiergeld

Unsere Euro-Banknoten kommen von der Europäischen Zentralbank (**EZB**). Sie sind in jedem Land des Euroraums gesetzliches Zahlungsmittel. Hältst du so einen 10-Euro-Schein in der Hand, ist das schon eine offizielle Sache. Denn die oberste Instanz garantiert dir: Ja, dieser Schein *ist* 10 Euro wert! Ja, dieser Schein *ist* gültig! Ja, du kannst damit bezahlen und alle im Euroraum *müssen* ihn akzeptieren. Diese

Form von Geld, die nur durch Vertrauen und staatliche Anordnung funktioniert, nennen wir **Fiat-Geld.**

🤓 Nerdbox: Wie Papiergeld seinen Wert verlor

Früher entsprach eine Banknote einem echten Gegenwert - meist Gold. Wer eine Reichsmark in der Hand hielt, konnte sie theoretisch bei der Reichsbank gegen eine festgelegte Menge Gold eintauschen. Dieses Versprechen gab Vertrauen.

Mit der Zeit begannen die Staaten, mehr Geld zu drucken, als sie in Goldreserven decken konnten. Besonders in Krisenzeiten - etwa während der Weltwirtschaftskrise (1929) oder der beiden Weltkriege (1914-1918 und 1939-1945) - finanzierte man Ausgaben durch Gelddrucken. Das führte zu Inflation. In den Jahrzehnten darauf wurden immer wieder Versuche unternommen, eine Internationale Währungsordnung aufzustellen und das Papiergeld zu retten.

1944 wurde mit dem Bretton-Woods-Abkommen (**Bretton Woods System**) der US-Dollar zur Leitwährung erklärt, der noch mit Gold gedeckt war. Die USA wurde Reserve-Währungsland. Doch 1971 beendete US-Präsident Nixon diese Bindung und die ungedeckte Papiergeld-Ära begann, in der Papiergeld nicht mehr an Gold gekoppelt ist. Es funktioniert allein über Vertrauen in die Zentralbank, sodass unser heutiges Geldsystem rein Fiat-basiert ist.

Stufe 4: Bargeldloses Zahlen - Giralgeld & Onlinehandel

Die ersten drei Stufen der Wertpyramide könnten kaum unterschiedlicher sein und doch haben sie eines gemeinsam: Ob Warengeld wie Goldmünzen oder Banknoten aus Papier - alle Geldformen waren bisher physisch, also zum Anfassen. Ab Stufe 4 beginnt eine neue Ära in der Geschichte unseres Geldes. Es ist der Megatrend der Digitalisierung, der dem **bargeldlosen Zahlungsverkehr** seine technologische Basis verlieh.

Abbildung 14: Giralgeld und Onlinehandel

Schon in den 1950ern kamen erste Kreditkarten auf den Markt. In den 80er- und 90er-Jahren wurde das **Internet** kommerziell nutzbar. Aus der Dotcom-Ära entwickelte sich eine neue Generation von Bezahl-Optionen: PayPal, Lastschriftverfahren, Apple Pay, Google Pay usw. Heute nutzen wir **Mobile Banking** und **kontaktloses Bezahlen** so selbstverständlich, als wäre es schon immer da gewesen. Einfacher war es nie, in einer Welt voller Konsum und ständiger Produktion Geld zu speichern und zu tauschen!

Wir bezahlen heute online mit einem Klick. Das digitale Geld, das für solche Zahlungen auf unseren Konten für Überweisungen und Co bereitliegt, nennen wir **Buchgeld** oder **Giralgeld**. Der Großteil unseres Geldes besteht aus Giralgeld - also Guthaben auf Konten, das gar nicht in Form von Bargeld existiert.

🤓 Nerdbox: Buchgeld gibt es schon seit dem Mittelalter

Giralgeld ist keine rein moderne Erfindung. Seine Wurzeln reichen zurück bis ins 13. Jahrhundert. Damals begannen italienische Handelshäuser in Venedig oder Florenz, Schulden und Guthaben buchhalterisch zu erfassen. Statt mit Münzen zu zahlen, wurden Beträge einfach in ein Kontobuch eingetragen.

Frühe Banken verwalteten diese Einlagen und führten Zahlungen nicht in bar, sondern durch Umbuchung durch. Nur damals geschah es eben noch nicht elektronisch, wie wir es heute kennen.

Wenn du zum Beispiel auf Amazon ein Buch bestellst, macht die Bank einen digitalen Eintrag in ihr hauseigenes Kassenbuch. Sie schreibt dir 20 Euro ab und die Bank von Amazon schreibt 20 Euro gut. Fertig. Dieses Giralgeld war ursprünglich gar nicht da. Es wurde im Vorfeld durch einen Kredit erzeugt. Genau das nennt man **Giralgeldschöpfung.**

📍 **MERKE:** Giralgeld entsteht durch Kreditvergabe. Immer wenn Banken Kredite vergeben, erschaffen sie neues Geld.

Giralgeld ist „kein echtes Geld" im Sinne eines gesetzlichen Zahlungsmittels. Wäre deine Bank morgen insolvent, könnte dein Geld einfach verschwinden (Ausfallrisiko). Das Ganze ist völlig legal und basiert auf Vertrauen ins Bankensystem und dessen Fiat-Geld.

Würden wir theoretisch alle gleichzeitig unser Kontoguthaben in echtes Bargeld abheben wollen, müssten die Zentralbanken riesige Mengen an Banknoten drucken. Wir würden eine Hyperinflation und eine Weltwirtschaftskrise auslösen!

	Bargeld	**Bargeldlos - Buchgeld (Giralgeld)**
Form	Physisch (Banknoten, Münzen)	Elektronisch ab dem 20. Jahrhundert (Kontoguthaben)
Herausgeber	Zentralbank	Geschäftsbanken
Gesetzliches Zahlungsmittel	✅	❌
Fiat-Geld	✅	✅

Die Finanzkrise 2008 erschüttere damals den Glauben in unser heutiges Bankensystem. Waren wir zu naiv, diesem System zu vertrauen und die Kontrolle über unser Geld einfach einer zentralen Instanz zu überlassen?

Aus genau dieser Not heraus entstand Bitcoin als eine alternative und moderne Form von digitalem Geld. Es war die Geburtsstunde der Kryptowährungen.

Stufe 5: Krypto als alternatives Geld und Zahlungsnetzwerk

Im zweiten Teil dieses Buchs lernst du den Anleger Dean kennen. Nur vorweg: Dean ist frustriert über die Weltpolitik und darüber, wie es wirtschaftlich gerade läuft. Als ich ihn fragte, warum er nicht einfach in Aktien oder ETFs investiert, wenn ihm die Rendite doch wichtiger ist als Sicherheit, sagte er nur: „Es wird doch ständig neues Geld gedruckt und immer mehr Schulden gemacht. Wo soll das noch hinführen?"

Für Dean war klar: Bitcoin ist sein Ausweg. Sein Vermögen liegt damit dezentral, ist unabhängig vom Staat und geschützt vor dem Wertverlust des Fiat-Geldes. Wie kam er auf diese Gedanken? Dazu müssen wir zurück zum Anfang:

	Bargeld	**Bargeldlos - Buchgeld**	**Kryptowährungen**
Herausgeber	Zentralbank	Geschäftsbanken	Keine Banken
Gesetzliches Zahlungsmittel	✅	❌	❌
Fiat-Geld	✅	✅	❌

Alles begann mit **Bitcoin,** der Mutter aller Kryptowährungen. Die Idee stammt von einer unbekannten Person oder Gruppe, die sich **Satoshi Nakamoto** nennt. 2008 wurde das Konzept in einem kurzen Dokument, dem sogenannten Whitepaper, beschrieben und 2009 veröffentlicht.

Ursprünglich wollte man mit Bitcoin ein alternatives und zensurfreies Zahlungsmittel schaffen, das unabhängig vom staatlich gestützten Fiat-Geld funktioniert. Das Bitcoin-Netzwerk sollte ein eigenständiges Geldsystem mit einer völlig neuen Art der Zahlungsabwicklung ermöglichen. Die Grundlage dafür bildet die Blockchain.

Diese neue Technologie stellt die traditionelle Finanzwelt, also das klassische *TradFi*, komplett auf den Kopf. Denn beim Zahlen mit Bitcoin oder anderen Kryptowährungen braucht es plötzlich keine Banken mehr als Vermittler. Stattdessen senden sich Menschen ihr Geld einfach direkt von Person zu Person, was man auch Peer-to-Peer (P2P) nennt.

MERKE: Traditionelle Finanzsysteme = *TradFi* (Traditional Finance) oder *CeFi* (Centralized Finance)

Unter diesen Sammelbegriff fällt alles, was im klassischen Finanzsystem läuft: Banken, Börsen, Kreditkartenfirmen, Zahlungsdienste wie PayPal oder staatlich kontrollierte Institutionen wie Zentralbanken. Gesteuert wird alles von zentralen Stellen wie den Staaten, Unternehmen oder zuständigen Aufsichtsbehörden.

Der in der Krypto-Szene oft gehörte Satz „Be your own Bank“ lässt sich genau daraus ableiten. Doch wenn sich keine Bank um das Geld kümmert und Vertrauen schafft, wer übernimmt dann diese Rolle? Und überhaupt: Wie soll Krypto dabei helfen, Geld einfach und sicher zu verschicken?

Die Antwort darauf liegt in der Technologie selbst: in der Blockchain. So, wie beim Giralgeld ein digitales Kassenbuch geführt wird, funktioniert auch die Blockchain wie ein Kassenbuch, in dem alle Informationen genau festgehalten werden. Das Grundprinzip ist ähnlich, aber es gibt ein paar entscheidende Unterschiede:

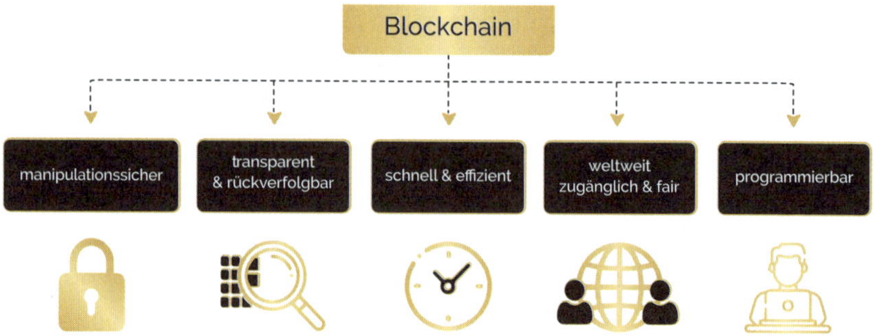

Abbildung 15: Eigenschaften der Blockchain. Eine Blockchain ist manipulationssicher, transparent und rückverfolgbar, schnell und effizient, weltweit zugänglich und fair - und sie lässt sich programmieren.

Ein Blockchain-Netzwerk ist **dezentral** organisiert. Bei einer klassischen Kryptowährung wie Bitcoin liegt das Hauptbuch (Ledger) nicht bei einer Bank, sondern verteilt sich in Form von Kopien auf alle Teilnehmer im Netzwerk. Deshalb spricht man auch vom verteilten Hauptbuch (*Distributed Ledger*).

Jeder kann nachvollziehen, wer wem was geschickt hat. Das macht das System deutlich **transparenter** und besser überprüfbar als unsere heutigen Finanzsysteme, in denen nur bestimmte Stellen Zugriff haben und die Daten oft unübersichtlich wirken.

Weil alles mit Kryptografie gesichert wird, gilt eine Blockchain als sehr **manipulationssicher** und **effizient**. Immer wenn du mit Krypto bezahlst und die Transaktion aufgezeichnet wird, bekommt sie einen digitalen Fingerabdruck. Die Profis sagen dazu **Hash**. Jeder Block enthält den Hash des vorherigen Blocks, und dadurch entsteht die Kette zwischen den Blöcken.

Würde irgendein Teilnehmer auf die Idee kommen, in einem Block eine einzelne Transaktion zu fälschen, um sich Krypto in die eigene Tasche zu wirtschaften, würde die komplette Kette danach sofort ungültig werden - und die anderen würden merken, dass etwas faul ist. Natürlich könnte so jemand auf die Idee kommen, *alle* folgenden Blöcke *gleichzeitig* zu fälschen. Doch das müsste er dann auf unzähligen Computern weltweit machen - was quasi unmöglich ist. Das ist der Vorteil von verteilten Systemen, bei denen jeder Teilnehmer eine Kopie hat.

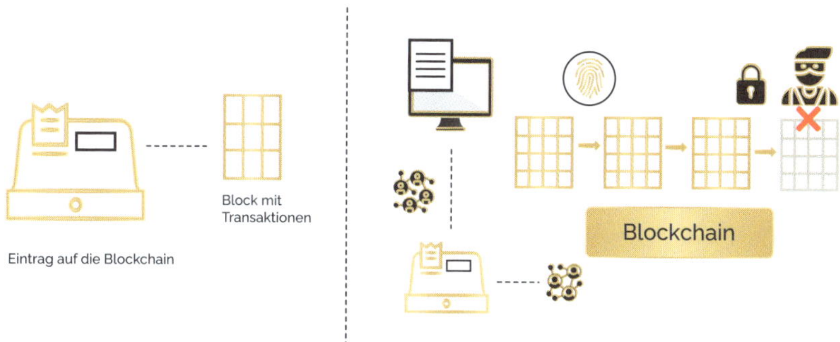

Abbildung 16: So funktioniert ein Blockchain-Eintrag. Transaktionen werden zu Blöcken zusammengefasst, kryptografisch gesichert und dezentral im Ledger gespeichert. Jede Kopie im Netzwerk wird automatisch aktualisiert, Manipulationen sind dadurch extrem schwer. Dieses Bild wurde aus didaktischen Gründen vereinfacht!

Apropos Teilnehmer: Die vielen unabhängigen Teilnehmer mit ihren Computern, die gemeinsam das Kassenbuch führen, bilden Knotenpunkte (*Nodes*) im Netzwerk.

Ein Teil dieser Nodes übernimmt im Bitcoin-Netzwerk eine besondere Aufgabe: das Mining. Diese spezialisierten Teilnehmer heißen Miner. Sie stellen ihre Rechenleistung zur Verfügung, um neue Bitcoin zu schürfen, so wie Bergarbeiter Gold aus einer Mine holen.

MERKE: Ein **Node** ist ein Knotenpunkt im Netzwerk. Jeder Node speichert die Blockchain und hilft dabei, Transaktionen zu prüfen. Ein **Miner** ist ein spezieller Node, der zusätzlich neue Blöcke schürft und dafür Rechenleistung einsetzt.

Beim Mining versuchen die Miner, durch komplexe Rechenarbeit ein kryptografisches Rätsel zu lösen. Wer den richtigen Block findet, schlägt ihn dem Netzwerk vor. Und wenn die Mehrheit der Nodes sagt: „Ja, dieser Block ist gültig", wird er bestätigt und alle aktualisieren gleichzeitig ihre Kopie der Blockchain.

Diesen Prozess nennt man **Zustimmungsmechanimus** oder **Konsensmechanismus.** Er sorgt dafür, dass sich alle im Netzwerk auf denselben Stand einigen. Bei Bitcoin (und einigen Altcoins) nennt man dieses Verfahren **Proof of Work** (PoW), weil der Konsens durch aufwendige Arbeit (= Rechenleistung) erreicht wird. Und warum machen die Miner das Ganze? Ganz einfach: Weil es dafür eine Belohnung gibt. Wer das Puzzle zuerst löst, bekommt neue Bitcoin.

🤓 Nerdbox: Was ist Proof of Stake?

Bei anderen Kryptowährungen wie Ethereum, Solana oder Cardano laufen die Spielregeln für das Netzwerk ein wenig anders. Dort heißt der Konsensmechanismus **Proof of Stake (PoS)**, und die Teilnehmer nennt man **Validatoren**. Sie lösen keine Rechenrätsel, sondern setzen ihre eigenen Coins als Einsatz - ihren „Stake" - ein, um Transaktionen zu bestätigen.

Das mit dem **Staking** solltest du dir merken. Denn damit kannst du Belohnungen verdienen, ohne selbst einen eigenen Validatorknoten betreiben zu müssen. In Teil 2 lernst du übrigens Gabi kennen. Sie interessiert sich neben Dividendenaktien zunehmend auch fürs Staking.

Ein paar weitere Vorteile: Eine öffentliche Blockchain ist für alle Menschen **weltweit frei zugänglich**. Jeder kann darüber Geld verschicken.

In Industrieländern gehen die meisten einfach zum Bankautomaten um die Ecke. Doch in vielen Entwicklungsländern haben Menschen kein Bankkonto. Die Weltbank schätzt, dass 2024 immer noch rund 1,3 Milliarden Menschen *unbanked* sind.[8] Diese Menschen haben keinen Zugang zu einer Bankfiliale oder sie könnten sich selbst bei Vertrauen in die Bank keine Kontoführungsgebühren leisten. Oft bekommen sie nicht mal einen Kredit ausgestellt, weil sie schlichtweg keine offiziellen Nachweise mitbringen.

Genau hier kommt Krypto ins Spiel. Schätzungen zufolge nutzen im Jahr 2025 über 70 % der Weltbevölkerung ein Handy und fast 68 %

---

[8] Quelle: Global Findex Report 2025, abrufbar unter: https://www.worldbank.org/en/publication/globalfindex

haben Zugang zum Internet.[9] Für Krypto brauchst du im Grunde nur ein Smartphone mit Internetverbindung und ein Wallet!

Abbildung 17: Geldüberweisungen ins Ausland (Remittance-Markt). Viele Menschen schicken Geld an Familie und Freunde in anderen Ländern. Traditionelle Überweisungen sind oft teuer und langsam - Krypto kann hier eine günstigere und schnellere Alternative bieten.

Internationale Überweisungen dauern bei klassischen Banken oft mehrere Tage. Mit der Blockchain geht das (je nach Netzwerk) in Minuten oder **nahezu in Echtzeit.** Das Netzwerk ist im Gegensatz zur Bank rund um die Uhr verfügbar. Weil bei den Abwicklungen viele manuelle Zwischenschritte wegfallen, sind die Transaktionen außerdem oft deutlich **günstige**r.

Wenn ein Arbeiter seiner Familie regelmäßig Geld ins Ausland (z. B. Lateinamerika, Afrika, Südostasien) schicken will, kann er bei klassischen Zahlungsdiensten durch Gebühren und schlechte Wechselkurse schnell bis zu 10 % des Betrags verlieren. Gerade bei kleinen Transaktionen ist das ein echtes Problem!

Der Arbeiter wird sich also gut überlegen, wie oft er Geld über Ländergrenzen schickt. Doch genau das schließt viele Menschen mit geringem Einkommen oder ohne Bankkonto vom Geldsystem aus. Mit Krypto-Zahlungen liegen die Kosten oft nur im Cent-Bereich, und das

[9] Quelle: https://datareportal.com/global-digital-overview

Geld kommt in wenigen Minuten beim Empfänger an. Die Blockchain kann hier echte Hilfe leisten!

💡 Man spricht hier auch vom **Remittance-Markt**, dem Markt für Rücküberweisungen.

Projekte wie Stellar (XLM) arbeiten mit Zahlungsdiensten wie MoneyGram zusammen, um solche Überweisungen über die Blockchain schneller und günstiger zu machen.

Doch wäre Satoshis Plan eines rein dezentralen, digitalen Geldes so geblieben, wären wir mit Stufe 5 am Ende unserer Zeitreise angekommen. Krypto hätte sich als alternatives Geld- und Zahlungsnetzwerk etabliert und es gäbe eine klare Kluft zum traditionellen Finanzwesen. Neben Bitcoin als Ursprung gäbe es vielleicht nur ein paar weitere Coins mit reiner Zahlungsfunktion oder spezialisierte Netzwerke für Überweisungen.

🤓 Nerdbox: Was sind Currency Tokens?

Coins mit Zahlungsmittelfunktion nennt man auch oft Currency- oder Payment-Tokens. Sie kommen dem ursprünglichen Bild einer klassischen Kryptowährung wie Bitcoin am nächsten. Zwei Beispiele:

1. Litecoin (LTC), gern als „digitales Silber" bezeichnet, sollte eine leichtere Version von Bitcoin sein und schnellere sowie günstigere Transaktionen für den Alltag ermöglichen.

📺 👉 Hier das passende Video auf YouTube:

2. Monero (XMR) verfolgt ein ähnliches Ziel, legt aber besonderen Wert auf Anonymität und Privatsphäre. Als sogenannter „Privacy Coin" verschleiert er Sender, Empfänger und Betrag. Auch er kann zur Gruppe der Currency Tokens gezählt werden.

Doch die Realität sieht heute anders aus. Es geht längst nicht mehr nur um ein alternatives Geldsystem. Die meisten Kryptowährungen sind nicht mehr so dezentral aufgebaut wie Bitcoin. Hinter vielen Projekten stehen Unternehmen oder Stiftungen, die die Vorteile der Blockchain für ihre Geschäftsmodelle nutzen und dabei ganz neue Anwendungen schaffen - in Bereichen wie Finanzen, Daten, Lieferketten, Immobilien, Künstlicher Intelligenz oder Gaming.

Sie haben das Potenzial von Krypto als Infrastruktur und Anlageklasse erkannt. Unsere Investorin Ina, die du in Teil 2 kennenlernen wirst, ist auch so jemand. Sie begeisterte sich früh für Altcoins und investierte zu Beginn mit viel Herz und etwas chaotisch in verschiedene Projekte. Was ihren Investorentyp kennzeichnet, sehen wir später, wenn wir uns die Welt der Altcoins genauer anschauen.

Stufe 6: Krypto als Infrastruktur & Investment

Alle Formen von Geld - ob Münzen, Buchgeld oder Krypto - existieren heute nebeneinander. Doch der Trend ist klar: Weg vom Physischen hin zum Digitalen. Alles im Leben hat seine Blütezeit. Und genau diese erlebt Krypto gerade.

Erst einige Jahre nach Bitcoin gestartet, nimmt das Thema nach zehn Jahren voller Wachstumsschmerzen, Rückschlägen und Entwicklungsarbeit jetzt richtig Fahrt auf:

Einerseits durch die Kommerzialisierung von Krypto als **Investment**, andererseits durch die zunehmende Nutzung der **Blockchain als Infrastruktur** für eine hochmoderne, digitale Wirtschaft. Noch vor wenigen Jahren wurde Bitcoin als reines Spekulationsobjekt oder alternatives Zahlungsmittel belächelt. Heute nennen einige Bitcoin schon das Gold des 21. Jahrhunderts!

Kryptowährungen gelten zunehmend als renditestarke Assets und sind bereits fester Teil von Vermögensstrategien (Bitcoin- oder Krypto-Reserven) bei einigen börsennotierter Unternehmen, Pensionsfonds und in Staatskassen!

🤓 Nerdbox: Was ist der Unterschied zwischen Geld und einem Asset?

Geld ist ein Mittel, das drei Funktionen erfüllen kann:

1) **Tauschmittel**: Es wird genutzt, um Waren und Dienstleistungen zu bezahlen (akzeptiert, vertrauenswürdig, transportierbar).
2) **Recheneinheit**: Es dient zur Angabe und zum Vergleich von Preisen (teilbar).
3) **Wertaufbewahrungsmittel**: Es kann aufbewahrt werden, um später wieder als Tauschmittel genutzt zu werden (haltbar).

Ein Asset ist ein **Vermögenswert** (*asset*), der als **Kapitalanlage** dienen kann. Es kann im Wert steigen oder laufend Einkommen generieren. Der Wert eines Assets wird dabei in Geld gemessen. **Klassische Anlageformen** sind zum Beispiel Aktien oder Sachwerte wie Immobilien und Kunstwerke. Auch Bargeld oder Geldeinlagen können als Asset gelten - ob sie aber ein „gutes" Asset sind, hängt davon ab, wie gut sie ihren Wert über die Zeit behalten (Stichwort: Inflation). 😉

Abbildung 18: Unterschied zwischen Geld und Asset

Wie kam es zu diesem Sinneswandel?

Ein großer Wendepunkt war sicherlich die Zulassung der ersten Bitcoin-Spot-ETFs in den USA Anfang 2024. Es führte zu mehr **regulato-**

rischer Klarheit im Kryptomarkt und öffnete die Türen für **professionelle Großinvestoren**. Neue Finanzprodukte entstanden und stießen auf große Nachfrage.

Gleichzeitig ist die Technik erst jetzt zunehmend **praxisreif**, um am Markt eingeführt zu werden: Nach vielen Jahren der Entwicklung können Unternehmen die Blockchain so nutzen, dass sie ihren hohen Anforderungen gerecht wird und sich mit bestehenden Strukturen verbinden lässt.

Anfangs konnte man mit der Blockchain nur einfache Krypto-Zahlungen tätigen. Und ehrlicherweise war Bitcoin nie dafür gedacht, dass man darauf ganze Geschäftsmodelle aufbaut! Deshalb entstand eine neue Generation von Altcoins mit sogenannten Smart-Contract-Funktionen.

MERKE: Ein Smart Contract ist ein automatisierter Vertrag, der keinen Raum für Interpretationen lässt.

Smart Contracts sind digitale Verträge, die Entwickler als Code auf die Blockchain schreiben. Sie führen sich automatisch aus, sobald bestimmte Bedingungen erfüllt sind - ganz nach dem Wenn-dann-Prinzip. Beispiel gefällig?

***Wenn** du dem Autohändler 10 000 Euro überweist, **dann** bekommst du dein Auto.*

***Wenn** du deine Coins verleihst, **dann** bekommst du dafür täglich Zinsen.*

Das Prinzip macht Smart Contracts sehr effizient und schwer manipulierbar. Sie können einfache Zahlungen abwickeln, aber auch die Grundlage für komplexere Anwendungsfälle sein. Die Netzwerke, auf denen solche Verträge möglich sind, nennt man Smart-Contract-Plattformen. Sie bilden lebendige digitale Ökosysteme mit eigenen Märkten, Projekten und neuen Möglichkeiten, wie wir Krypto nutzen können.

Abbildung 19: Smart Contracts auf der Blockchain. Smart Contracts sind selbstausführende Programme auf der Blockchain. Sie ermöglichen automatische, transparente und sichere Abläufe, ohne dass eine zentrale Instanz eingreifen muss.

Die bekannteste Plattform ist Ethereum, das 2015 gestartet ist und sich als erste ihrer Art einen Vorsprung sichern konnte. Auch Solana, Avalanche, Hedera, Cardano, Polkadot und viele weitere gehören dazu. Sie alle konkurrieren heute um Entwickler, Nutzer und Marktanteile.

Smart Contracts bilden heute das Fundament für viele spannende Krypto-Anwendungsfälle. Zeit, sich die vier spannendsten Bereiche einmal genauer anzusehen.

📺 👉 **Hier zwei passende Videos auf YouTube:**

Anwendungsfall 1: DeFi & Stablecoins

DeFi steht für *Decentralized Finance*, also dezentrale Finanzsysteme. Gemeint ist eine ganze Reihe verschiedener Protokolle und Anwendungen, kurz dApps[10], die klassische Finanzdienstleistungen ermöglichen.

📍 **MERKE:** DeFi = dezentrale Finanzen
DEX = dezentrale Börse, z. B. Uniswap oder PancakeSwap
CEX = zentrale Börse, z. B. Binance, Coinbase

Der entscheidende Unterschied: All diese Vorgänge laufen ohne zentrale Parteien direkt auf der Blockchain - automatisiert über Smart Contracts!

Es gibt zum Beispiel Börsen, auf denen du deine Coins handeln kannst. In DeFi nennt man sie dezentrale Börsen (**DEX** = *Decentralized Exchange*). Andere Protokolle kannst du nutzen, um deine Coins an andere zu verleihen und dafür Zinsen zu bekommen.

🤓 Nerdbox: Was unterscheidet eine DEX von einer CEX?

Bei einer CEX erstellst du einen Account, musst dich verifizieren (KYC und Regulierung) und kannst per Überweisung oder Kreditkarte Coins kaufen. Das ist ziemlich benutzerfreundlich, aber meist etwas teurer wegen der Servicegebühren. Außerdem gibst du einen Teil der Kontrolle ab. Viele zentrale Kryptobörsen bieten inzwischen auch DeFi-Dienste wie Non-custodial-Wallets an.

Bei einer echten DEX brauchst du kein Konto und keine Anmeldung. Du verbindest einfach dein Wallet (zum Beispiel MetaMask) mit dem DeFi-Protokoll und handelst direkt mit anderen Nutzern. Der Vorteil ist, dass du mehr Privatsphäre behältst; allerdings brauchst du etwas Vorwissen.

---

[10] Anmerkung: Dezentrale Apps (dApps) funktionieren im Grunde wie ganz normale Apps, nur dass sie auf der Blockchain laufen.

Weil der Mittelsmann fehlt, kannst du dort **nur Krypto gegen Krypto** handeln, nicht Krypto gegen Euro oder Dollar. DEXs gelten allgemein als anfälliger für Hackerangriffe und unterscheiden sich je nach verwendetem Algorithmus, Grad der Anonymität oder Anwendungsfall.

📺 👉 Hier das passende Video auf YouTube:

DeFi funktioniert weltweit, rund um die Uhr und spart viele Zwischenschritte. Deshalb sind Transaktionen oft deutlich günstiger und schneller.

Längst ist DeFi nicht mehr nur für Krypto-Nerds spannend, sondern auch für professionelle Investoren, Fonds und Finanzunternehmen. Immer mehr Kapital fließt in diese Projekte, weil sie als effizient, flexibel und transparent gelten. Was meinst du, was sich Institute sparen, wenn sie Kredite in Milliardenhöhe nicht mehr über teure Mittelsmänner abwickeln müssen?

📺 👉 Hier das passende Video auf YouTube:

Stablecoins spielen in diesem Bereich eine zentrale Rolle. Der Wert dieser speziellen Kryptowährungen ist eng an einen Vermögenswert gekoppelt, um möglichst stabil zu bleiben. Meist handelt es sich dabei um Fiat-Währungen wie den US-Dollar.

Weil Stablecoins weniger stark im Preis schwanken als andere Kryptowährungen, eignen sie sich besonders gut für Zahlungen oder als Zwischenspeicher. Sie werden von privaten Unternehmen herausgegeben. Bekannte Beispiele sind Tether (USDT), USDC von Circle, Ripple USD (RLUSD) oder PayPal USD (PYUSD).

Dabei trägt der Nutzer das Risiko, dass der Herausgeber ausfällt. Trotzdem gewinnen Stablecoins immer mehr an Bedeutung - auch für Banken und Zahlungsdienstleister. Denn viele Prozesse lassen sich über Stablecoins schneller und günstiger abwickeln als mit klassischen Mitteln.

🤓 Nerdbox: Der Fall von Terra Luna: Als ein Stablecoin kollabierte

Nicht alle Stablecoins sind durch reale Vermögenswerte wie den US-Dollar oder Anleihen gedeckt. Es gibt auch sogenannte algorithmische Stablecoins. Hier sorgt ein Algorithmus über ein komplexes Protokoll dafür, dass das Preisniveau stabil bleibt, meist durch ein Zusammenspiel von Angebot und Nachfrage.

Ein bekanntes Beispiel ist **Terra (UST)**. Der **Stablecoin UST** war nicht durch Dollarreserven gedeckt, sondern algorithmisch mit der Kryptowährung **Luna** verbunden. Wenn UST unter 1 Dollar fiel, konnte man ihn gegen Luna eintauschen und umgekehrt (Zwei-Token-System). So sollte die Stabilität gewährleistet werden.

Doch im Mai 2022 kam es zu einem massiven Vertrauensverlust. Der UST begann, seine Bindung an den US-Dollar zu verlieren. Innerhalb kürzester Zeit versuchten viele Anleger, ihre UST in Luna zu tauschen. Der Algorithmus kam nicht hinterher, der Luna-Kurs fiel praktisch auf null und damit auch UST. Es war ein Dominoeffekt, der Investoren Milliarden kostete.

Der Zusammenbruch von Terra Luna war einer der größten Crashs im Krypto-Sektor und gilt bis heute als Mahnmal für die Risiken algorithmischer Stablecoins. Er war ein wichtiger Auslöser für politische Diskussionen und die Schaffung von Gesetzen, um Stablecoins strenger zu regulieren.

Anwendungsfall 2: Digitales Zentralbankengeld (CBDC)

Während sich Stablecoins im freien Markt verbreiten, arbeiten viele Zentralbanken an ihrer eigenen Version von digitalem Geld. Diese neue Form heißt **digitales Zentralbankgeld**, auf Englisch: *Central Bank Digital Currency* oder **CBDC**.

Im Jahr 2025 erforschen bereits über 130 Länder CBDCs. Diese Länder machen zusammen rund 98 % der weltweiten Wirtschaftsleistung aus.[11] Auch die Europäische Zentralbank bereitet zum Stand des Schreibens den digitalen Euro vor.

CBDC wäre wie Papiergeld eine Form von Bargeld, nur eben digital. Es wird in einem Wallet (wie Kryptowährungen) gespeichert, das du bei einer Bank oder einem offiziellen Anbieter einrichten kannst. Anders als bei Bargeld ist aber noch nicht entschieden, ob jede CBDC auch ein gesetzliches Zahlungsmittel wird. Das hängt von der jeweiligen Regierung ab.

Manche CBDCs nutzen eine klassische Datenbank, andere setzen wie Kryptowährungen auf Blockchain-Technologie. Auch die technischen Modelle unterscheiden sich stark: Einige Länder planen eher anonyme Lösungen, andere sehr transparente.

Grundsätzlich gibt es zwei Arten:

Wholesale CBDCs sind nur für den Zahlungsverkehr zwischen Banken gedacht, etwa bei Wertpapierabwicklungen oder Währungstransaktionen.

Retail CBDCs richten sich an die breite Bevölkerung. Hier geht es darum, ob wir Menschen damit ganz normal im Alltag bezahlen können. Gerade bei der Retail-Variante gibt es große Diskussionen. Denn hier steht die Frage im Raum, wie sich so ein digitales Geld auf unsere Privatsphäre, unser Bankensystem und die Geldpolitik auswirken würde.

---

[11] Quelle: https://www.atlanticcouncil.org/cbdctracker/

	CBDC	Stablecoins
Herausgeber	Zentralbank	Private Unternehmen
Technologie	nicht DLT-basiert oder DLT-basiert wie Kryptowährungen	DLT-basiert (Blockchain)

Anwendungsfall 3: Tokenisierung realer Vermögenswerte

Mit den ersten Bitcoin-ETFs haben große Finanzhäuser wie BlackRock den Einstieg in die Krypto-Welt gemacht. Damit wurde Krypto als Anlageklasse bekannter. Doch das war nur der Anfang. Denn die **Tokenisierung**, einer der nächsten großen Trends, zeigt, wie Krypto als Infrastruktur für andere Vermögenswerte genutzt wird. Damit ist gemeint, dass reale Vermögenswerte digital als Tokens auf der Blockchain abgebildet (tokenisiert) werden. Das betrifft vor allem den Bereich der **Real World Assets** (**RWA**) - also Dinge aus der echten Welt. Welche Dinge wären das konkret? Fast alles:

Klassische Finanzprodukte wie Kredite, Anleihen, Aktien, Kohlenstoffgutschriften, Rohstoffe wie Kaffee oder Edelmetalle wie Gold. Auch ganze Häuser und Sammlerstücke wie seltene Designer-Uhren, Oldtimer oder Kunstwerke lassen sich tokenisieren. Sogar geistiges Eigentum wie Patente, Musikrechte oder Lizenzen findet heute seinen Weg auf die Blockchain.

Zunehmend gewinnen auch sogenannte Maschinen-RWAs an Bedeutung. Das sind smarte Geräte, die selbstständig (autonom) arbeiten. Denk an Drohnen in der Landwirtschaft, die Dünger verteilen, intelligente Windkraftanlagen, Maschinen im Bergbau oder Fahrzeuge im Carsharing. Tokenisierung ist also viel mehr als ein Krypto-Trend, sondern ein echter Technologiewechsel!

Abbildung 20: Tokenisierung von Real-World Assets (RWA). Nahezu alles kann tokenisiert werden - von Immobilien und Aktien über Rohstoffe, Luxusgüter und Kunst bis hin zu Lizenzen, Musikrechten oder CO_2-Zertifikaten. So werden reale Werte digital handelbar.

Wenn es nach Larry Fink, dem CEO von BlackRock, geht, ist Tokenisierung die Zukunft. Auch andere Schwergewichte wie JPMorgan oder Mastercard beschäftigen sich intensiv damit. Unternehmen wie die Boston Consulting Group oder Citigroup schätzen, dass der Markt für tokenisierte Vermögenswerte bis 2030 auf mehrere Billionen US-Dollar wachsen könnte. Die Prognosen reichen je nach Studie von 4 bis 30 Billionen.[12] Egal welche Zahl stimmt, es ist gewaltig.

---

[12] Quellen: https://ir.citi.com/gps/MG9DEWhoYvQJVWLM9Kr3%2BZmqjoztKJcyNHr83F9Wug2pzAGHPQKfp23RAMrkNts%2FJitXoTNqufOvegUjjXh0IA%3D%3D?

https://web-assets.bcg.com/1e/a2/5b5f2b7e42dfad2cb3113a291222/on-chain-asset-tokenization.pdf?

🤓 Nerdbox: BUIDL als Beispiel für ein tokenisiertes Finanzprodukt

Mit dem BUIDL-Fonds hat der weltgrößte Vermögensverwalter BlackRock im März 2024 sein erstes tokenisiertes Finanzprodukt auf Ethereum gestartet. Inzwischen läuft der Fonds auch auf weiteren Netzwerken wie Avalanche (AVAX), Solana (SOL) oder Polygon (POL).

Bei diesem digitalen Geldmarktfonds können qualifizierte Investoren Anteile in Form von BUIDL-Tokens kaufen. Jeder Token strebt einen stabilen Wert von 1 US-Dollar an. Der Fonds investiert das Kapital zum Beispiel in US-Staatsanleihen, Bargeld oder ähnliche Anlagen. Die Erträge werden täglich berechnet und automatisch in Form neuer Tokens ins Wallet der Investoren ausgeschüttet.

Vielleicht wunderst du dich gerade, da viele Anlagen wie Aktien längst digital sind. Was soll also daran so besonders sein, wenn man eine Aktie oder ein Haus tokenisiert? Die Antwort: jede Menge.

Der entscheidende Unterschied liegt in der technischen Umsetzung auf der Blockchain: Der Token steht für den Wert und das damit verknüpfte Eigentum. Er kann gehandelt und in kleine Teile aufgeteilt werden. Und er ist programmierbar: Smart Contracts regeln automatisch, wer ihn besitzt und was damit möglich ist - also wer ihn kaufen, verkaufen, übertragen oder verwalten darf.

Machen wir es konkret: Wenn ein Unternehmen Teile seiner Aktien tokenisiert, können diese auf globalen Marktplätzen unabhängig von Börsenöffnungszeiten gehandelt werden.

Abbildung 21: Fraktionierte Tokenisierung einer Immobilie. Eine Immobilie wird in digitale Anteile zerlegt, die als Tokens ausgegeben werden. So können mehrere Personen gemeinsam in dasselbe Objekt investieren und Miteigentum erwerben.

Wenn du ein teures Haus tokenisierst, kannst du es in viele kleine digitale Anteile aufteilen. Statt dass nur ein großer Investor die Immobilie erwirbt, könnten sich viele Menschen gemeinsam beteiligen. Auch mit wenig Kapital könntest du Miteigentümer werden. Wenn so eine Villa z. B. monatliche Miete abwirft, bekommst du anteilig deine Erträge direkt ins Wallet ausgezahlt.

Dasselbe gilt für Kunstwerke, Luxusuhren, Anleihen oder Waldstücke. Viele dieser Dinge waren bisher schwer handelbar (nicht liquide). Durch die Tokenisierung entstehen neue Märkte für solche Werte. Weil alles über die Blockchain läuft, kannst du die Transaktionen transparent und in Echtzeit verfolgen. Fühlt sich besser an, wenn du weißt, was gerade mit deinem Vermögen passiert, oder?

Auch für Banken, Unternehmen und Vermögensverwalter ist das spannend. Sie können tokenisierte Anleihen oder Fondsanteile günstiger verwalten und schneller handeln. Schließlich fallen zusätzliche Provisionen oder Dokumentationskosten weg! Und wer solch tokenisierte Vermögenswerte im DeFi-Bereich einsetzt, kann sie als Sicherheit hinterlegen und damit zusätzliche Erträge erzielen.

📺 👉 Hier das passende Video auf YouTube:

Tokenisierung realer Vermögenswerte 🔥
RWA Crypto Einfach Erklärt mit Beispielen

Zuletzt kommt der Haken: In der Praxis ist das Ganze doch etwas komplizierter. Um einen realen Vermögenswert zu tokenisieren, existieren heute verschiedene Token-Modelle (z. B. NFTs, siehe Nerdbox) und technische Standards. Viele Beteiligte müssen zusammenarbeiten, um die rechtlichen und technischen Grundlagen zu schaffen.

Ein Smart Contract checkt auch gar nicht, was außerhalb der Blockchain passiert. Er kennt keine aktuellen Marktpreise, weiß nicht, ob ein Haus gerade *wirklich* verkauft wurde und alle Vertragspartner *wirklich* ihren Teil erfüllt haben. Solche Infos muss man extra ins System einspeisen. Die Entwickler arbeiten weltweit an solchen Smart-Contract-Fallstricken, damit sie in Zukunft immer mehr Aufgaben übernehmen können. Tokenisierung steckt also noch in den Kinderschuhen und trotzdem ist das Potenzial riesig! Ich glaube, dass dieser Anwendungsfall unsere Vorstellung von Investitionen, Eigentum und Vermögensverwaltung grundlegend verändern wird.

🤓 Nerdbox: Was sind NFTs?

NFTs sind **Non-Fungible Tokens.** Sie sind nicht austauschbar (= *non fungible*) und damit einzigartig.

Eine Kryptowährung wie Bitcoin dagegen ist austauschbar (= *fungible*):

1 Bitcoin ist immer gleich viel wert wie ein anderer Bitcoin, ein 10-Euro-Schein ist immer gleich viel wert wie ein anderer 10-Euro-Schein.

Bei der Tokenisierung eines einzigartigen Hauses oder Sammlerstücks wäre z. B. ein NFT geeignet. Du könntest das Objekt sogar in mehrere NFTs (z. B. 100 NFTs für 100 Inhaber) aufteilen. Jedes NFT würde einen Eigentumsanteil repräsentieren.

Wichtig: Ein NFT muss nicht immer etwas Physisches wie ein Haus repräsentieren. Es gibt im Krypto-Bereich sowie im DeFi-Sektor einen ganzen NFT-Sektor nur für digitale Werte. Diese reichen von einzelnen Kunstwerken bis hin zu ganzen NTF-Sammlungen. Auch virtuelle Grundstücke oder Spielgegenstände (*in-game assets*) in digitalen Welten (Metaverse) können als NFTs abgebildet werden.

Anwendungsfall 4: Web3 - Ein Internet der neuen Generation

Für diesen Anwendungsfall schau dir noch mal die Wertepyramide an: Auf Stufe 6 sind wir mitten im Umbruch! Alte Welten treffen auf neue. Das gilt nicht nur für die Finanzwelt, sondern auch für unser Internet. Klassisches Web2 trifft auf ein Internet der neuen Generation - das **Web3**. Keine Sorge, es folgt eine einfache Erklärung:

In den 90ern nahm das Internet langsam Fahrt auf. Du konntest eine Website von einem Mode-Shop aufrufen und dir Infos durchlesen. Du hast das Web nur passiv genutzt, als würdest du durch ein Schaufenster gucken. Das war **Web1.**

Mit **Web2** kamen ab den 2000ern Plattformen wie Facebook, YouTube, TikTok und Instagram sowie Erfindungen wie E-Mail, WhatsApp, Dropbox oder ChatGPT dazu. Heute meldest du dich über einen Account an, kannst selbst Inhalte hochladen, kommentieren oder Nachrichten schreiben - all das ist, salopp ausgedrückt, das heutige Internet. Theoretisch gehört dieses „Mitmach-Internet" allen, aber praktisch läuft nichts ohne die zentrale IT-Infrastruktur der Big-Tech-Giganten wie Meta, Google oder OpenAI. Zugang, Kontrolle und Speicherung liegen bei nur wenigen Firmen!

Jeden Tag fütterst du deren Datenbanken mit Klicks, Cookies und Profilen. Und genau diese Daten bringen anderen Unternehmen Millionen ein - während du leer ausgehst, obwohl du derjenige bist, der die Informationen liefert. Ist das fair?

Abbildung 22: Vom Web1 zum Web3. Vom reinen Konsum im Web1 über das Mitgestalten im Web2 hin zum Besitz digitaler Werte und direkter Teilhabe im Web3.

Genau hier setzt **Web3** an. Es beschreibt eine neue Stufe des Internets, die auf Blockchain-Technologie basiert und mehr Unabhängigkeit ermöglicht. Die Möglichkeiten der Onlinewelt sollen wieder uns Menschen zugutekommen. Nicht nur großen Konzernen, sondern dir und mir.

Im Web3 kannst du mitentscheiden. Wer Tokens besitzt, darf mitreden, mitgestalten und Projekte mitfinanzieren. Über sogenannte DAOs, also dezentrale autonome Organisationen, verwalten Nutzer Netzwerke gemeinsam, indem sie per Token wie mit einem digitalen Stimmzettel direkt auf der Blockchain (*on-Chain*) abstimmen.

Web3 bedeutet auch, gemeinsame Ressourcen besser zu nutzen. Wir könnten Datensätze für KI-Modelle und Wetterdienste bereitstellen oder Bandbreite für Streamingdienste teilen und erhalten dafür Kryptowährungen als Belohnung.

Nehmen wir noch ein letztes Beispiel: Strom. Die heutige Energie-Infrastruktur mit ihren vielen Stromerzeugern und Verteilernetzwerken ist zu einem undurchsichtigen und kostenintensiven Apparat mutiert. Oder weißt du in diesem Moment, von welchem Lieferanten der Saft aus deiner Steckdose kommt und wofür du alles Abgaben zahlst?

Web3 denkt das anders. Schon heute speisen viele Haushalte dezentral Strom ins Netz ein. Doch mit Blockchain käme noch mehr hinzu: Du könntest deinen überschüssigen Strom nicht mehr nur an bestimmte Versorger verkaufen, sondern direkt an deinen Nachbarn oder andere Teilnehmer im Netzwerk. Ein Smart Contract regelt die Zahlung automatisch, minutengenau und transparent. Oder du entscheidest gemeinsam mit anderen Nutzern über eine DAO, wie Überschüsse verteilt werden. Ein solches blockchainbasiertes Stromnetz - ein sogenanntes Smart Grid - könnte viele Umwege und Kosten sparen und unsere Energieversorgung effizienter und nachhaltiger machen.

Web3 steht genau für diesen neuen Denkansatz. Es geht nicht nur um Technik, sondern um eine neue Form des digitalen Zusammenlebens. In einer Ära voller schlechter Daten und blockiertem Kapital soll eine hochmoderne Infrastruktur entstehen, die Kapital freisetzt - und uns direkt an der Wertschöpfung beteiligt.

Je nachdem, in welches Projekt du investierst, wirst du nicht nur zum Nutzer, sondern zum aktiven Teil davon. Du hilfst mit und bekommst auch etwas zurück. Deshalb ist Krypto mehr als nur Geld.

🤓 Nerdbox: Fallstudie aus Italien über Solarmodule auf der Blockchain

Stell dir vor, du wohnst in einer Mietwohnung mitten in der Stadt ohne Dach für Solarpanels, möchtest aber trotzdem Teil der Energiewende sein. In Italien wurde 2025 ein Pilotprojekt[13] für ausgewählte Teilnehmer gestartet, bei dem die Menschen unabhängig vom Wohnort mitverdienen können!

---

[13] Quelle: https://algorand.co/case-studies/enel-tokenizing-renewable-energy-assets-on-algorand (zuletzt aufgerufen August 2025)

Enel, einer der größten Stromversorger Europas, stellt tokenisierte Solarmodule auf der Algorand-Blockchain bereit. Die Kunden können in digitale Anteile von Solar- und Windkraftanlagen investieren, egal wo sie leben. Enel übernimmt dabei Betrieb und Wartung der Anlagen. Der erzeugte Strom wird in Echtzeit auf der Blockchain getrackt. Nutzer bekommen Stromgutschriften, als hätten sie ihre eigene kleine Solaranlage. Und wenn mehr Strom erzeugt als verbraucht wird, kann der Überschuss sogar verkauft werden. Das ist gelebtes Web3!

Stufe 7: Blick in die Zukunft - Was noch alles passieren kann!

Mit Krypto und der Tokenisierung haben wir eine neue Ära digitaler Vermögenswerte betreten. Stufe 7 wirft einen Blick in eine mögliche Zukunft. Eine smart-digitale Welt, die in Teilen schon erforscht wird, aber ihren großen Durchbruch noch vor sich hat. Wie könnte so ein Web4 aussehen?

Du könntest alle deine digitalen Vermögenswerte (Krypto, tokenisierte Assets wie Gold, Immobilien, Aktien usw.) über verschiedene, aber miteinander verbundene Wallets verwalten. Alles fühlt sich für dich wie aus einem Guss an: Du nutzt ganz selbstverständlich verschiedene Blockchains, ohne überhaupt zu merken, auf welcher „Straße“ du dich gerade bewegst, während du an der Kasse mit Stablecoins, digitalem Euro oder Kryptowährungen bezahlst.

📺 👉 Hier das passende Video auf YouTube:

Krypto VERSTEHEN: Das einzige Video, das du brauchst

Wichtige Dokumente wie dein Personalausweis, behördliche Unterlagen oder Arbeits- und Versicherungsverträge liegen ebenso als persönliche, nicht handelbare Tokens sicher in deinem Wallet gespeichert, auf das nur du vollen Zugriff hast.

Unser digitales Zusammenleben wäre komplett *on-Chain*. Alles liefe über globale Netzwerke, die nahtlos miteinander kommunizieren können. Um dich in dieser Welt zu bewegen, loggst du dich mit einer dezentralen Identität ein und triffst dort auf Millionen andere Menschen, autonome Autos und KI-Agenten. Diese digitalen Stellvertreter handeln für uns und übernehmen Aufgaben. Stell dir vor, dein Agent kauft bei Gehaltseingang automatisch Bitcoin nach und gibt deinem Auto das Kommando, aus der Garage zu fahren.

Zukunftstechnologien wie Blockchain, Künstliche Intelligenz, Robotik oder Quantencomputer könnten zunehmend miteinander verschmelzen. Letztere könnten gewaltige Rechenleistung liefern, was neue Möglichkeiten eröffnet, aber auch neue Sicherheitsfragen aufwirft.[14] Die Blockchain sorgt in diesem Mix für Transparenz und hilft dabei, dass die KI nicht aus dem Ruder läuft. Es wäre ein Zeitalter, in dem die Grenzen zwischen Menschen, Maschine und Code verschwimmen.

Aber sind wir ehrlich: Ob alles so kommt, wie es heute diskutiert wird, wissen wir nicht. Manche Ideen werden scheitern, andere könnten unser Leben grundlegend verändern. Worauf wir uns vielleicht einigen können, ist, dass die Digitalisierung rasant fortschreitet und unser Leben bereits heute umkrempelt. Und Krypto könnte dabei ein immer wichtigerer Baustein in einem modernen Portfolio sein.

---

[14] Quantencomputer sind noch nicht marktreif, aber sie könnten in Zukunft heutige Verschlüsselungssysteme brechen, deshalb arbeiten viele Blockchains schon an quantenresistenten Algorithmen („Post-Quantum-Kryptografie").

💪 Vokabelbox: Bis hierher hast du folgende Begriffe gelernt:	
DeFi	Decentralized Finance - dezentrale Finanzanwendungen, die ohne Banken und Zwischenstationen auskommen
Smart Contracts	Automatische Verträge auf der Blockchain, die programmiert werden und ohne Zwischenhändler Regeln ausführen
dApp (dezentralisierte App)	Eine dezentrale Anwendung, die auf der Blockchain läuft und durch Smart Contracts funktioniert
Stablecoins	Kryptowährungen, die an einen Wert wie US-Dollar gekoppelt sind, um möglichst wertstabil zu bleiben
CBDC	Central Bank Digital Currency - digitale Währung direkt von einer Zentralbank herausgegeben
Currency/Payment Tokens	Kryptowährungen, die vorranging eine Zahlungsmittelfunktion haben
Web3	Idee eines neuen demokratischen und unabhängigen Internets
RWA	Real World Assets - echte Vermögenswerte wie Immobilien oder Anleihen, die digital abgebildet werden
Tokenisierung	Die Abbildung eines Vermögenswerts als digitaler Token auf der Blockchain
NTF	Non-Fungible Token - ein einzigartiger digitaler Vermögenswert, der auf einer Blockchain gespeichert ist und im Gegensatz zu Bitcoin oder ETH nicht ausgetauscht werden kann
DAO	Dezentrale autonome Organisation - eine Community unabhängiger Teilnehmer, die Entscheidungen für ein Netzwerk gemeinsam trifft

Schnell reich dank Krypto? Risiken & Kritik, die du kennen musst

Immer mehr Menschen stecken ihr Geld in trendige Coins - in der Hoffnung, damit das nächste große Ding zu erwischen.

2011 kostete ein Bitcoin erstmals 10 Dollar. 2013 knackte er im Frühjahr die 100-Dollar-Marke, im November sogar die 1 000-Dollar-Marke. Das war sein bisher stärkstes Jahr. Der Kurs stieg von rund 13,50 Dollar Anfang Januar auf 758 Dollar zum Jahresende - ein Plus von über 5.500 %. Vier Jahre später, 2017, war die 10 000-Dollar-Marke erreicht.

Abbildung 23: Bitcoin-Kursentwicklung seit Start. Langfristiger Chartverlauf von Bitcoin - von den ersten Jahren ohne große Kursbewegung bis zu den starken Anstiegen der letzten Jahre. Daten bereitgestellt von CoinMarketCap.com: https://coinmarketcap.com/currencies/bitcoin/

2024 kam dann der große Knall: Bitcoin durchbrach zum ersten Mal die magische Grenze von 100 000 Dollar. Laut Statista legte Bitcoin im Jahr 2024 um rund 121 % zu, während der Aktienindex S&P 500 im gleichen Zeitraum auf „nur“ 23,31 % kam.[15] Wer hätte das damals gedacht?

Solche Zahlen bringen unsere Fantasie zum Leuchten. Du hörst Geschichten von Leuten, die ihre Wohnung verkauft und mit Krypto Millionen gemacht haben. Diese viralen Erfolge breiten sich wie eine Welle aus und plötzlich herrscht Goldgräberstimmung. Jeder von uns will doch schnell reich werden, oder? Du denkst dir: „Wenn der Typ mit Krypto Geld gemacht hat, dann kann ich das auch!“

🤓 Nerdbox: All-in in Bitcoin - Eine beispielhafte Erfolgsstory

2016 verkaufte eine niederländische Familie vom Haus bis zum Auto alles und ging all-in in Bitcoin, als dieser bei nur etwa 900 US-Dollar lag. Mit dem Verkauf ihres Hauses im Bullrun 2017 für 100 BTC (damals ≈ 300 000 $) gingen sie auf Weltreise. Trotz eines starken Bitcoin-Absturzes kauften sie auch in den Jahren 2018-2020 weiter nach, als der Kurs sank. Heute liegen ihre Krypto-Bestände zum Großteil in Cold Wallets, verteilt auf mehreren Kontinenten, und ein kleinerer Teil in Hot Wallets für den täglichen Gebrauch.

Bei mir war es weniger die Aussicht auf eine fette Rendite, sondern mehr die Sorge um meine Zukunft. Ich begann mich zu fragen, warum mein Erspartes jedes Jahr an Wert verlor. Ist mein Geld überhaupt sicher, wenn ich später in Rente gehe? Und falls ja, wie viel ist dann überhaupt noch davon übrig? Wie kann ich mein Geld vor Inflation schützen? Mir wurde klar: Ich muss mich selbst um mein Glück kümmern. Bitte merke dir eine Sache: Niemand außer dir selbst weiß, was du für ein gutes Leben brauchst.

---

[15] Quellen: https://de.statista.com/statistik/daten/studie/1342875/umfrage/jaehrliche-wertentwicklung-des-bitcoin/#:~:text=Im%20Jahr%202024%20ist%20der,am%20Jahresende%20waren%20es%20ca.

https://de.statista.com/statistik/daten/studie/155217/umfrage/jahresperformance-des-sundp-500-index/

🤓 Nerdbox: x 100 ist nicht gleich 100 %

Viele verwechseln ein x 100 mit 100 %. Aber Achtung: Ein x 100 bedeutet nicht + 100 %, sondern + 9.900 % Gewinn!

Wenn du 100 Euro in Bitcoin investierst und der Preis verhundertfacht sich, dann wird daraus: 100 € × 100 = 10 000 €

Eine Jahresperformance von 121 % im Jahr 2024 heißt: Wenn du Anfang Januar für 100 Euro Bitcoin gekauft und Ende Dezember verkauft hättest, wäre daraus geworden: 100 € × 2,21 = 221 €

Dein Gewinn läge also bei + 121 Euro (ohne Steuern und Gebühren).

Auch immer mehr Großinvestoren entdecken das Potenzial von Krypto. Nicht, weil sie unbedingt an die Technologie glauben. Und auch nicht, weil sie auf ein x 10 aus sind. Wer ein Millionenportfolio verwaltet, geht in der Regel kein unnötiges Risiko ein. Aber Diversifikation spielt eine Rolle. Weil Kryptowährungen mal stärker, mal schwächer mit den klassischen Finanzmärkten zusammenhängen, nutzen viele Investoren Krypto strategisch. Sie setzen auf mehrere Pferde und streuen so ihr Risiko.

Egal, ob du Coins nur als neues digitales Asset siehst oder tiefere Werte darin erkennst – im Markt treffen viele Überzeugungen aufeinander. Doch am Ende werden alle Investments den gleichen Witterungsbedingungen ausgesetzt. Genau deshalb schauen wir uns jetzt vier Schwachstellen von Krypto an, die du unbedingt kennen solltest, bevor du investierst.

1. Aber Krypto schwankt doch ständig!

Das magische Dreieck der Geldanlage beschreibt drei Ziele: Sicherheit, Liquidität und Rendite. Die perfekte Geldanlage soll möglichst alle drei erfüllen, doch genau darin liegt die Herausforderung. Denn diese Ziele stehen oft im Wettbewerb zueinander. Die Magie besteht darin, diesem heiligen Gral so nah wie möglich zu kommen.

Kryptowährungen - wie auch Aktien - gelten als sehr liquide und bieten höhere Renditechancen als ein Sparbuch bei der Bank. Dafür ist die Sicherheit, also die Stabilität deines Vermögens, wegen der starken **Marktschwankungen** deutlich geringer.

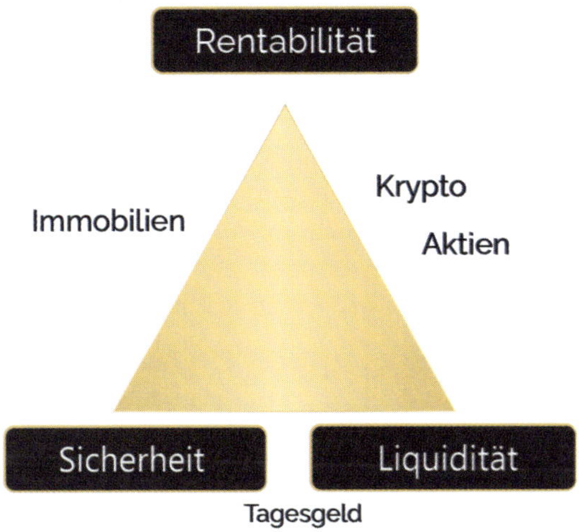

Abbildung 24: Das magische Dreieck der Geldanlage. Jede Anlage bewegt sich zwischen den drei Zielen Rentabilität, Sicherheit und Liquidität - alle gleichzeitig zu maximieren ist nicht möglich.

Volatilität ist eines der größten Risiken bei Krypto und kann zu Totalverlusten führen. Sie zeigt, wie stark der Preis eines Vermögenswerts innerhalb eines bestimmten Zeitraums schwankt, also ob es rauf oder runter geht, und wie heftig. Und genau das passiert bei einem Krypto-Portfolio oft ziemlich schnell: hoch ... und dann wieder runter.

> **Fast ein Drittel der Deutschen zwischen dreißig und 49 Jahren kann sich vorstellen, in Kryptowährungen zu investieren. Der häufigste Grund, es nicht zu tun? Die Angst vor einem plötzlichen Wertverlust.**[16]

---

[16] Quelle: Bitkom-Umfrage 2025: https://www.bitkom.org/Presse/Presseinformation/Ein-Viertel-offen-fuer-Kryptowaehrungen

Selbst Bitcoin hat nach euphorischen Phasen - wie 2017/2018 oder 2020/2021 - Rückgänge von über 70 % erlebt. Und bei vielen Altcoins fallen die Schwankungen oft noch heftiger aus.

Das liegt unter anderem daran, dass der Kryptomarkt im Vergleich zur Aktienwelt noch jung ist und eine deutlich kleinere Marktkapitalisierung hat. Zur Einordnung: Eine einzelne Aktie wie Nvidia war Mitte 2025 über 3 Billionen Dollar wert. Das entsprach in etwa dem gesamten Kryptomarkt! Gold kam im selben Zeitraum auf fast 23 Billionen Dollar. Weil viele im Krypto-Bereich rein spekulativ unterwegs sind, reagieren die Kurse dort sensibler und heftiger. Krypto ist damit anfälliger für extreme Ausschläge in beide Richtungen.

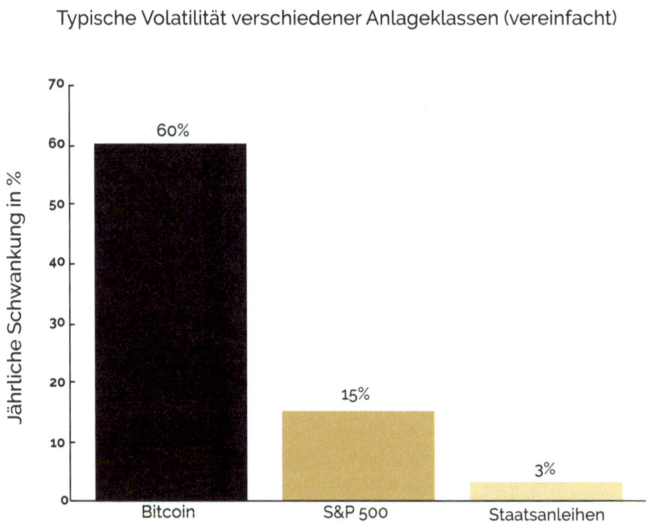

Abbildung 25: Volatilität im Vergleich. Bitcoin schwankt im Jahresverlauf deutlich stärker als Aktien oder Staatsanleihen - Chance und Risiko zugleich. Die Werte basieren auf typischen Schwankungsbreiten der letzten Jahre und dienen zur Veranschaulichung - je nach Zeitraum und Quelle können sie leicht variieren!

Aber: Volatilität ist nicht automatisch etwas Schlechtes. Viele Trader nutzen genau dieses „Risiko“ bewusst. Sie steigen ein, wenn die Kurse fallen, und nehmen Gewinne mit, wenn die Kurse steigen. Früher schwankte Bitcoin zum Teil um mehr als 200 % pro Jahr. Heute liegt dieser Schwankungswert - auf ein ganzes Jahr hochgerechnet - meist zwischen 40 und 70 %. Trotzdem war Bitcoin in den letzten fünf Jahren noch immer drei- bis viermal so volatil wie klassische Anlagen.[17]

Für viele große Investoren ist das inzwischen ein kalkulierbares Risiko. Denn mit wachsender Marktreife und steigender Marktkapitalisierung gehen viele davon aus, dass sich auch die Schwankungen bei Bitcoin weiter verringern.

2. Aber Krypto ist doch gar nicht richtig reguliert!

Immer mehr Plattformen wie Shopify (E-Commerce), Travala (Reisen) oder Twitch (Unterhaltung) akzeptieren oft über die Integration externer Zahlungsdienstleister Krypto-Zahlungen. Aber im klassischen Einzelhandel sieht das noch ganz anders aus. Auch nicht jede Bank sagt: „Hey, bei uns kannst du ein Krypto-Depot eröffnen."

Mit der Einführung der Bitcoin-ETFs 2024 haben Big Boys wie BlackRock erkannt, dass man aus Kryptowährungen spannende Finanzprodukte bauen kann. Der größte Bremsklotz für solche Produkte ist jedoch regulatorische Unsicherheit.

In der EU sorgt seit 2025 die MiCA-Verordnung (*Markets in Crypto Assets*) für den ersten umfassenden Rechtsrahmen. In den USA entstehen aktuell Gesetze für Stablecoins, Bitcoin-Reserven und weitere Bereiche. Krypto-Hotspots wie die Vereinigten Arabischen Emirate, die Schweiz, Singapur oder Hongkong versuchen ebenfalls, eine Brücke zwischen Kryptoszene und klassischem Finanzsystem zu schlagen.

Fakt ist aber: Es gibt noch keinen weltweiten Krypto-Standard. Viele Bereiche, vor allem rund um NFTs oder Web3, sind noch nicht einheitlich geregelt.

Ich denke: Je mehr Klarheit die Gesetze schaffen, desto eher wird Krypto massentauglich. Mehr Unternehmen steigen ein, neue Produkte

---

[17] Quelle: https://www.fidelity.de/fidelity-articles/themen-im-fokus/bitcoin-digitale-vermoegenswerte-kryptowaehrungen-etp-kapitalrisiken/

entstehen. Regulierung wird Akzeptanz beschleunigen, aber auch ausmisten. Coins, die sich nicht an die Spielregeln halten, werden verschwinden.

Ein Beispiel: Wegen MiCA mussten einige große Kryptobörsen in Europa den Stablecoin USDT und andere nicht-konforme Coins wie Monero (Privacy Coin) aus dem Angebot nehmen. Auch kleinere Projekte, die auf Open Source und Dezentralität setzen, könnten es schwerer haben. Vor allem dann, wenn sie Teil des traditionellen Finanzsystems werden wollen.

Solche Projekte starten entweder gar nicht erst oder sie laufen nur noch auf dezentralen Börsen. Viele werden dorthin ausweichen, wo die Regeln lockerer sind - es kommt zu einem Verlagerungseffekt (Angebots-Shift). Regulierung hilft, Krypto groß zu machen und Anleger zu schützen. Aber sie nimmt auch ein Stück dieser freien Zukunft, die viele sich von Web3 erhoffen.

🤓 Nerdbox: Steuern: Lästig, aber wichtig!

Wer mit Krypto handelt, kommt um das Thema Steuern nicht herum. Je chaotischer die Trades, desto schwieriger wird später der Nachweis - besonders im DeFi-Bereich.

Die gute Nachricht: In vielen Ländern wird die steuerliche Behandlung immer klarer. Gleichzeitig nimmt die Regulierung zu. Immer mehr Plattformen melden Transaktionsdaten direkt an die Behörden.

Steuertools helfen dir schon heute, deine Krypto-Aktivitäten ordentlich zu dokumentieren. Aber noch erkennt nicht jedes Tool jede Plattform oder jeden Coin automatisch. Deshalb lade ich regelmäßig Steuer- und Rechtsexperten auf meinen YouTube-Kanal ein - damit wir alle auf dem neuesten Stand bleiben.

In Deutschland gilt aktuell: Wenn du Kryptowährungen länger als ein Jahr hältst, sind Gewinne aus dem Verkauf steuerfrei (Stand Mitte 2025).

Kaufst du z. B. am 5. September z. B. für 100 € Bitcoin und verkaufst ein Jahr später, am 6. September - und der Kurs ist gestiegen -, bleibt der **Gewinn** steuerfrei. Genau deshalb überlegen viele Anleger ganz genau, **wann** sie kaufen und verkaufen.

Natürlich kann es auch passieren, dass du **Verluste** machst. Wenn das so ist, solltest du daran denken, diese Verluste innerhalb der Jahresfrist „mitzunehmen", d. h., statt am 6. September im obigen Beispiel zu verkaufen, könntest du am 4. oder 5. September verkaufen und so die **Verluste steuerlich „realisieren"** und in deiner Steuererklärung angeben. Wenn du im selben Jahr oder in späteren Jahren Gewinne innerhalb der Jahresfrist erzielst, kannst du diese Verluste dann gegenrechnen. Mit Verlusten kannst du also **richtig Steuern (= Geld) sparen**.

💡 **Ganz wichtig:** Nicht nur der Verkauf von Krypto gegen Euro ist steuerlich relevant, sondern auch jeder Tausch von Krypto gegen Krypto. Wenn du also Bitcoin gegen USDC tauscht und damit Gewinne innerhalb der Jahresfrist machst, musst du diesen Gewinn in der Steuererklärung angeben.

Wer viel tradet, stößt mit Excel-Sheets schnell an seine Grenzen. Schon deswegen halte ich es für wichtig, ein gutes Steuertool zur Berechnung der Steuer zu nutzen. Die Ergebnisse der Steuersoftware (meist **„Steuerreporte"** genannt) kannst du einfach in deine Steuererklärung übernehmen. Damit die Steuerreporte korrekt sind, musst du natürlich darauf achten, auch wirklich alle Transaktionen, die du getätigt hast, in die Steuersoftware einzuspielen.

Dazu kannst du aus den Börsen, auf denen du aktiv bist, die entsprechenden Export-Dateien herunterladen und sie in die Software einpflegen. Das ist ein bisschen umständlich, aber immer noch viel einfacher als zu versuchen, Gewinne und Verluste per Hand auszurechnen.

3. Nichts als Lug und Betrug - Krypto ist böse!

Weil Krypto noch wenig reguliert ist, denken viele dabei immer noch an eine Art Schattenwährung.

„Ah, perfekt für Verbrecher."
„Oh, Krypto ... Da hört man doch ständig von Scams und Hacks!"
„Ach, der FTX-Crash und so ... Super unseriös!"

Ja, stimmt. Und genau das bringt uns zum dritten Problem: **Kriminalität und mangelnde Sicherheit**. Im April 2024 konnten die Behörden in Bayern ein großes Pädophilen-Netzwerk namens „KidFlix" aufdecken, weil sie die Transaktionen über Kryptowährungen zurückverfolgt haben.

Medien berichten immer wieder über Fälle, in denen Krankenhäuser gehackt werden und die Angreifer Krypto als Lösegeld verlangen, damit sie die Daten wieder freigeben.

Es sind diese Nachrichten, die gerne aufgegriffen werden, um Krypto als „böse" abzustempeln. Aber die Blütezeit von Bitcoin als Schattenwährung liegt meiner Meinung nach hinter uns.

Bitte versteh mich nicht falsch: Ich finde solche Dinge furchtbar: dass Krypto als pseudoanonymes Geld missbraucht wird, um im Darknet illegale Dinge zu kaufen, Menschen zu erpressen oder kriminelle Organisationen zu finanzieren. Aber genau solche Probleme wie Geldwäsche hast du auch bei Bargeld.

Laut Crypto Crime Report 2024[18] sind nur 0,34 % aller Transaktionen im Kryptomarkt illegal. Halten wir also fest: Wir sind heute schon deutlich weiter als noch vor ein paar Jahren. Aber der Weg ist noch lang.

🤓 Nerdbox: Krypto als Werkzeug zur Umgehung klassischer Finanzwege

Kryptowährungen wie Bitcoin stehen nicht nur für technologische Innovation, sondern auch für die Möglichkeit, klassische Zahlungsnetzwerke zu umgehen. Zwei Beispiele zeigen, wie Krypto genutzt wurde, um Finanzsperren zu durchbrechen - sowohl für kontroverse als auch für idealistische Zwecke:

1. Cody Wilson - Der Krypto-Anarchist

Cody Wilson wurde 2013 bekannt, weil er als einer der Ersten eine funktionierende Waffe mit einem 3D-Drucker baute. Die Bauanleitung stellte er kostenlos online. Die Pistole hieß „The Liberator". Das Projekt sorgte weltweit für Empörung, denn theoretisch konnte nun jeder mit einem 3D-Drucker eine Waffe herstellen. Finanziert wurde das Vorhaben über Bitcoin. Für Wilson war es das perfekte Werkzeug, um seine Idee von radikaler Freiheit umzusetzen. Er gilt bis heute als eine der umstrittensten Figuren in der Krypto-Szene.

---

[18] Quelle: https://www.chainalysis.com/blog/2024-crypto-crime-report-introduction/

2. Wikileaks - Spenden ohne Banken

2010, nach der Veröffentlichung geheimer US-Dokumente, wurde Wikileaks von klassischen Zahlungsdiensten blockiert. Visa, Mastercard und PayPal beendeten die Zusammenarbeit. Doch an dieser Stelle half Krypto als Werkzeug gegen Zensur: Durch BTC-Spenden konnte Wikileaks unabhängig von staatlichem oder finanziellem Druck weiterarbeiten. Die damals kleinen Beiträge wuchsen über die Jahre zu Millionenbeträgen an.

Im September 2021 verlor der Krypto-Investor Brian Nguyen rund 470 000 US-Dollar, weil er in ein DeFi-Projekt namens Anubis DAO investiert hatte. Es lockte seine Anleger mit hohen Renditen. Doch Brian und viele andere sollten ihr Geld nie wiedersehen ...

Betrug (Scam) gibt es im Krypto-Bereich genauso wie in der realen Welt. Im Krypto-Sektor nutzen Betrüger die Unerfahrenheit vieler Anleger leider häufig aus. Das gelingt ihnen besonders im offenen DeFi-Bereich. Sie listen ihre Tokens über dezentrale Börsen und geben ihnen ein verlockendes Werteversprechen.

Abbildung 26: Betrugsmasche Rug Pull. Entwickler locken Investoren mit hohen Versprechen, treiben den Kurs hoch und ziehen dann plötzlich das Kapital ab.

Im Fall von Anubis ist unklar, ob das Projekt Opfer eines Phishing-Angriffs war oder eben ein klassischer Scam. Nehmen wir Letzteres an - was wahrscheinlicher ist -, dann sammelte Anubis zunächst rund 60 Millionen Dollar ein, transferierte das Vermögen in einem Schwung und machte sich aus dem Staub .

Bei dieser Betrugsmasche spricht man von einem **Rug Pull**. Typisch ist ein raketenartiger Kursanstieg, gefolgt von einem plötzlichen Absturz. Danach liegt der Coin wie tot in der Kurve, weil es kaum noch Handelsaktivität gibt. Im Chart sieht das dann aus wie ein flacher Strich.

Auch der Fall rund um den SQUID Game Token war ein Rug Pull. Der Token wurde 2021 auf der BNB Chain (Teil des Binance-Ökosystems) gestartet und bezog sich auf die beliebte Netflix-Serie *Squid Game*. Die Entwickler sammelten über 3 Millionen US-Dollar ein, leerten danach die Liquiditätspools und über 40 000 Menschen verloren ihr Geld.

💡 **Deshalb ist es umso wichtiger, dass du Altcoin-Projekte gründlich prüfst und niemals dein gesamtes Investmentkapital in nur ein einziges Projekt steckst!**

In Teil 2 lernst du, wie du 🔴 Red Flags und 🟡 Yellow Flags erkennst. Das sind Warnsignale, auf die du achten solltest. Du bekommst eine Geschichte von Investorin Ina an die Hand, die bei einigen Coins genau solche Warnzeichen entdeckt hat und dies in ihre Entscheidungen einfließen lassen konnte.

Das größte Sicherheitsproblem in der Krypto-Welt ist übrigens selten die Blockchain selbst - also die Straße -, sondern das, was darauf gebaut ist: Webseiten, Protokolle, Brücken, Börsen.

Weil der Quellcode vieler DeFi-Projekte öffentlich einsehbar ist (*open source*), suchen Hacker dort gezielt nach Schwachstellen. Diese finden sie oft dort, wo komplexe Smart Contracts programmiert werden. Besonders beliebt bei Angreifern sind dezentrale Börsen und sogenannte Brückenlösungen, also Protokolle, über die Coins von einer Blockchain zur anderen geschickt werden. Solche Systeme bieten gleich mehrere Angriffsflächen.

Ein Beispiel dafür ist Wormhole: Diese Brücke verbindet Chains wie Ethereum und Solana miteinander. Anfang 2022 wurde sie gehackt und die Angreifer erbeuteten rund 320 Millionen US-Dollar in Kryptowährungen.

📺 👉 **Hier das passende Video auf YouTube:**

Weltweit GRÖßTER Bitcoin Börsen HACK - Mt. GOX - Eine Krypto Dokumentation

Auch zentrale Börsen wie Mt. Gox (2014) oder Bybit (2025) wurden bereits Opfer großer Angriffe. Zusätzlich sind viele Webseiten von Krypto-Plattformen regelmäßig Ziel von Phishing-Attacken. Dabei werden häufig die Wallets nicht direkt gehackt, sondern von den Betrügern Fake-Webseiten täuschend echt nachgebaut. Viele Nutzer bemerken das nicht, geben dort ihre Seed Phrase ein und zack: Die Falle schnappt zu und das Geld ist weg. Deshalb musst du immer wachsam sein und Links doppelt checken, bevor du dort deine Keys eingibst.

Bis heute konnte niemand das Bitcoin-Netzwerk knacken. Das Grundprinzip der Blockchain funktioniert. Was aber durchaus passieren kann, ist, dass ein Blockchain-Netzwerk überlastet ist oder zeitweise ausfällt. Dieses sogenannte **Risiko der Basis-Blockchain** hat ganz verschiedene Gründe.

Ethereum ist zum Beispiel ein sehr großes Netzwerk. Bei zu viel Ansturm - wie in Bullenmärkten oder bei bösartigen Spam-Attacken - kann es verstopfen. Wenn du dann gerade Coins verschicken willst, musst du länger warten, während sich der Preis in der Zwischenzeit vielleicht schon ändert.

Oder du zahlst deutlich höhere Transaktionsgebühren, um schneller dranzukommen. Die Verzögerung kann auch dApps betreffen, die dadurch plötzlich nicht mehr richtig funktionieren und dein Nutzererlebnis ordentlich vermiesen. Stell dir vor, du bist mitten im Trade deines Lebens und plötzlich reagiert die Plattform nicht mehr!

Abbildung 27: Wenn das Netzwerk klemmt: Warten statt traden. Bei Überlastung einer Blockchain können Transaktionen und Apps hängen bleiben - und der perfekte Moment für deinen Trade ist vorbei.

Solana kämpft dagegen mit ganz anderen Problemen als Ethereum: Das Netzwerk ist bekannt dafür, ein sehr schnelles und günstiges Netzwerk zu sein, das viele Transaktionen verarbeiten kann. Im Bullrun 2021 stieg die Nachfrage stark an. Solana als High-Speed-Netzwerk schien wie gemacht für das Web3-Zeitalter und profitierte vom Boom rund um DeFi, NFTs und neue Anwendungen.

Doch diese Schnelligkeit hatte ihren Preis. In der Vergangenheit musste Solana das eigene Netzwerk immer wieder neu starten. Allein 2022 kam es zu sieben Ausfällen! Der Solana-Gründer Anatoly Yakovenko sprach selbst von einem „Fluch“, der auf dem Netzwerk lag.

Viele fragten sich, wie sicher ein System sein kann, das im Ernstfall stundenlang heruntergefahren werden muss, während andere Blockchains durchgehend laufen.

📺 👉 **Vor- und Nachteile einer Hochgeschwindigkeits-Blockchain: Hier das passende Video zu Solana auf YouTube:**

Das sind die typischen Wachstumsschmerzen, von denen ich schon gesprochen habe. Heute geht die Branche mit solchen Problemen deutlich professioneller um als noch vor ein paar Jahren. Viele Projekte lassen ihren Code inzwischen durch externe Sicherheitsfirmen, sogenannte Audits, prüfen. Damit möchte man Schwachstellen frühzeitig erkennen und ausschalten. Außerdem entwickeln sich Standards für Netzwerkstabilität und Sicherheitsmechanismen, die das Vertrauen stärken.

Auch in der Kommunikation hat sich viel getan: Wenn etwas schiefläuft, nutzen viele Teams heute ihre Social-Media-Kanäle aktiv, um ihre Community zu informieren und transparent zu bleiben. Reden hilft, wie man so schön sagt - auch im Krypto-Bereich.

Trotzdem gilt: Diese Schattenseiten werden wir nicht komplett ausradieren können.

Krypto ist von Natur aus offen und frei. Das macht es mächtig, aber auch angreifbar. Es wird immer wieder Fälle geben, in denen Krypto missbraucht oder falsch eingesetzt wird. Und es wird auch immer wieder technische Ausfälle und Bugs geben. Aber die Branche lernt dazu und ich hoffe, dass der alte Glaubenssatz, Krypto sei nur Lug und Betrug, bald nur noch ein Auslaufmodell ist.

4. Krypto - alles nur Shitcoins und Zockerei!

Dieser Abschnitt liegt mir besonders am Herzen. Es gibt heute zu viele Schrott-Projekte, die unseren Space zumüllen. Man spricht in der Krypto-Welt von „Shitcoins". Im Ernst, wahrscheinlich sind über 90 % aller neu erstellten Tokens Scams oder Memes! Und das wirft natürlich bei vielen die Frage auf: Ist Krypto wirklich nur reines Gezocke?

Ich hole dich noch einmal ab: Wir befinden uns gerade in einer sehr heißen Phase. Die Finanzwelt dreht gerade am Rad: Denn sie kann jetzt neue digitale Geldformen erforschen. Geld, das man programmieren kann und damit zum ersten Mal „smart" wird. Auch die großen Internet-Riesen wie Google, Meta, Amazon und Co drehen hohl. Sie überlegen, wie sie ihr Web2 mit dem neuen Web3 verbinden können. Denn klar ist: Der traditionelle Sektor hat keine Lust, von neuen Web3-Sternchen abgehängt zu werden, und versucht mit einer Art Fliegenklatsch-Taktik alles, um im Rennen zu bleiben.

Doch das sind alles nur „außenpolitische" Reibereien. In der „Innenpolitik" der Krypto-Welt geht's nämlich gerade wortwörtlich ums nackte Überleben. Auch wenn ich an Krypto als *the next big thing* festhalte, so wird es die meisten Altcoin-Projekte von heute in den nächsten Jahren nicht mehr geben! Lass mich versuchen zu erklären, was ich meine:

Gerade im Altcoin-Bereich sind wir in einer spannenden Phase: Die Spreu trennt sich vom Weizen. Es geht immer mehr weg von schnellen Zockerprojekten hin zu nachhaltigen Ideen mit echtem Nutzen (auf Englisch: ***utility***).

Meme-Coins und Hype-Projekte stehen im Wettbewerb mit soliden Projekten, die echte Anwendungen bieten. Nur leider geht es dabei um dasselbe Geld der Anleger.

Für viele Krypto-Start-ups sind Tokenverkäufe (**Token Sales**) ein wichtiges Mittel, um frisches Kapital zu beschaffen. Besonders in früheren Bullruns - 2017/2018 und 2020/2021 - schossen neue Krypto-Projekte wie Pilze aus dem Boden. 2017 war das Jahr der ICOs - der

Initial Coin Offerings. Es war die große Ära der Erstverkäufe von Tokens direkt an Anleger!

ICOs kannst du dir ähnlich vorstellen wie einen klassischen Börsengang (Initial Public Offering = IPO), bei dem Start-ups Kapital von Investoren einsammeln. Nur, dass sie keine Aktien herausgeben, sondern ihre eigene Kryptowährung.

Ein weiterer Unterschied ist, dass IPOs heute viel strengeren Regeln unterliegen, wohingegen ICOs damals kaum reguliert und wenig erprobt waren. Dieser Umstand führte dazu, dass viele Projekte zwischen 2017 und 2019 scheiterten. Einige verschwanden wegen zu geringer Nachfrage, andere entpuppten sich als reine Scams.

Auch wenn man inzwischen besser versteht, worauf es bei erfolgreichen Token Sales ankommt, senken ICOs die Einstiegshürde für neue Projekte deutlich und schaffen einen optimalen Nährboden für die jungen Krypto-Sprösslinge.

Abbildung 28: Krypto-Boom: Projekte sprießen wie Pilze. In Bullruns wie 2017 und 2021 entstanden massenhaft neue Token-Projekte – angeführt von der ICO-Welle.

Warum es so viele Kryptowährungen gibt, liegt nicht nur an dieser einfachen Kapitalbeschaffung, sondern auch daran, dass es heute kinderleicht ist, einen Token zu erstellen!

Erinnerst du dich noch an den Unterschied zwischen einem Coin und einem Token? Genau, Tokens brauchen nicht unbedingt eine eigene Blockchain. Ganz nach dem Mitfahrer-Prinzip laufen die meisten Meme-Coins Huckepack auf bestehenden Netzwerken wie Ethereum oder Solana.

Gerade mit dem Aufstieg von Netzwerken wie Solana ist die Zahl neuer Tokens in den letzten Jahren regelrecht explodiert. Auf Krypto-Plattformen wie CoinMarketCap oder CoinGecko findest du Millionen getrackter Tokens! Und wenn du diese Zeilen liest, sind es vermutlich schon wieder ein paar Millionen mehr.

📍 **MERKE: Altcoin ist nicht gleich Altcoin! Meme-Coins ticken anders als Utility Tokens!**

Meme-Coins leben vom Hype, nicht vom Nutzen. Utility Tokens haben ein konkretes Einsatzgebiet. Beide können steigen, aber aus völlig unterschiedlichen Gründen!

Spätestens als Donald Trump bei Amtsantritt seinen eigenen politischen Meme-Coin TRUMP aufs Spielfeld brachte, lief das Fass über. Wie ernst kann man Krypto da noch nehmen?

Meme-Coins sind längst kein Nischenthema mehr. Sie haben sich zu einem eigenen Sektor entwickelt, vergleichbar mit DeFi oder Stablecoins.

Was steckt hinter Meme-Coins?

Meme-Coins sind eine Sorte von Altcoins, die oft nur als Witz starten und keinen wirklichen Nutzen haben. Doch wenn der Markt anzieht, explodieren sie regelmäßig. Manche dieser Coins legen im Hype oft um das Fünf- bis Zehnfache im Vergleich zu anderen Kryptowährungen zu.

Genau diese schnellen Anstiege (Pumps) machen Meme-Coins für viele reizvoller als einen „langweiligen" Bitcoin oder ETH.

Das zieht wiederum die Anleger an, die Coins mit Hundelogos süß finden oder einfach Lust auf das Meme-Spiel haben. Und ja: Manche wurden damit sogar zu Millionären! Aber nur, weil sie früher als alle anderen eingestiegen und rechtzeitig wieder ausgestiegen sind!

📺 👉 **Hier das passende Video auf YouTube:**

MemeCoin Millionär: Deine Chance auf die nächsten 100x & wie du ihr Potenzial...

Über die unzähligen Misserfolge, bei denen wir uns verzocken, wird gern geschwiegen. Nach der bullischen Phase, wenn die Kurse fallen und wir nicht rechtzeitig verkauft haben, fangen wir an, Memes zu hassen.

Wir verkaufen aus Frust und plötzlich heißt es: „Meme-Coins sind sinnlos, Scam!“

Und genau dann beginnt das eigentliche Problem: Aus dieser negativen Erfahrung heraus fangen wir an, Kryptowährungen zu generalisieren: „Alles ist schlecht! Alles sind Shitcoins!“ Dabei lag es meist nicht an Krypto selbst, sondern an unserem eigenen Umgang damit.

Sobald die Preise aber wieder explodieren, beginnt der Zyklus von vorn. Eine neue Welle von Anlegern springt auf den fahrenden Zug, während die Erfahrungen alter Anleger einfach weggespült werden. Und der Teufelskreislauf geht wieder von vorne los.

Doch dieser ewige Kreislauf ist nicht der *eigentliche* Grund, warum es so schwer ist, mit Memes reich zu werden. Es liegt vielmehr daran, dass sich das Geld auf Millionen von Coins verteilt. Die Märkte sind extrem verwässert! Den einen Gewinner zu finden, der nicht scheitert, ist, wie die Nadel im Heuhaufen zu suchen.

Abbildung 29: Meme-Coin-Zockerei: Höhenflug und Absturz. Mit Memecoins können Gewinne explodieren - oder das Investment in kürzester Zeit verpuffen.

Und dennoch werden wir diese Banausen nicht los. Denn Meme-Coins sind massentauglich: Sie sind schnell handelbar und viel liquider als so manche NFTs. Außerdem erzeugen sie Aufmerksamkeit und schaffen eine rege Nachfrage auf dem gesamten Kryptomarkt: Sie sorgen bei den Blockchains für mehr Transaktionen, ergo *mehr* Einnahmen. Sie bringen den Börsen höhere Handelsvolumina, also auch *mehr* Einnahmen. Und sie bringen Promis, die ihre eigenen Meme-Projekte starten, ebenfalls *mehr* Einnahmen.

Klingt logisch, oder? Aus ökonomischer Sicht ist es kaum verwunderlich, dass Meme-Coins überall angeboten werden. In Ländern wie Japan sind Meme-Coins gerade wegen ihrer Nähe zur Anime-, Pop- und Gamingkultur besonders beliebt.

Und dennoch: Wer in Meme-Coins ernsthaft *investiert*, sollte sich der Risiken bewusst sein. Das ist mehr wie ein Glücksspiel, bei dem jeder hofft, den Jackpot zu knacken.

Und falls du dich fragst: Was ist eigentlich mit den Utility Tokens?

Ganz einfach: Die spielen ein anderes Spiel.

Sie wurden nicht zum Spaß gebaut, sondern mit einem konkreten Zweck. Utility Tokens sollen in der Krypto-Welt einen echten Nutzen erfüllen. Ihre Sorte will *wirklich Sinn* stiften.

Manche kannst du wie klassische Kryptowährungen als Zahlungs- oder Tauschmittel nutzen. In vielen Projekten sind sie das interne Zahlungsmittel, mit dem du innerhalb einer Plattform oder App bezahlst. Wenn ein Token wie ETH bei Ethereum dafür sorgt, dass Transaktionen ausgeführt werden, spricht man von einer Betriebsmittelfunktion. Solche Tokens nennt man oft auch Gas Tokens, weil sie die Blockchain wie ein Treibstoff antreiben.

Abbildung 30: Gas Token - Treibstoff für die Blockchain. Gas Tokens wie ETH sorgen dafür, dass Transaktionen ausgeführt werden und die Blockchain am Laufen bleibt.

Utility Tokens können dir Zugang zu bestimmten Dienstleistungen verschaffen. Manche funktionieren wie digitale Gutscheine und bringen dir Vorteile, zum Beispiel in Form von Prämien, Treuepunkten, Rabatten oder exklusiven Zugängen auf einer Plattform. Andere Tokens laufen im Hintergrund eines Dienstprogramms, ohne dass du als Nutzer überhaupt etwas davon mitbekommst.

Je nach Projekt kann ein Utility Token **sowohl Tauschmittel als auch Betriebsmittel** sein. Du bezahlst mit dem Token für eine Dienstleistung - und genau dieser Token wird gleichzeitig benötigt, damit die Leistung im Hintergrund überhaupt funktioniert.

Als Besitzer eines Utility Tokens hast du keine Anteile am Unternehmen. Wenn du z. B. XRP hältst, bedeutet das nicht, dass du Anteile an Ripple besitzt! Du bist kein Aktionär und hast auch kein Mitspracherecht bei klassischen Hauptversammlungen.

Stattdessen kannst du innerhalb eines Krypto-Ökosystems mit deinem Token digitale Stimmrechte bekommen. Du darfst mitentscheiden, zum Beispiel über technische Änderungen oder die Weiterentwicklung eines Projekts - ganz im Sinne von Web3! In solchen Fällen erfüllt der Token eine Verwaltungsfunktion und wird dann Governance Token genannt, sofern das die Hauptfunktion ist.

Abbildung 31: Governance Token - Mitbestimmen im Krypto-Ökosystem. Governance Tokens geben dir Stimmrechte, um über wichtige Entscheidungen und die Zukunft eines Projekts mitzuentscheiden.

Doch Vorsicht: Nur weil ein Token nützlich *klingt*, bedeutet das nicht automatisch, dass er besser performt als andere Coins. Auch ein gut gemeintes Projekt mit großen Zielen kann scheitern!

Der Knackpunkt ist, ob der *versprochene* Nutzen *wirklich* auf *genug* Nachfrage trifft. Doch dazu später. Was du jetzt schon wissen solltest: Die Einsatzmöglichkeiten von Utility Tokens sind sehr unterschiedlich und das macht sie so spannend, aber auch so schwer einzuschätzen!

📺 👉 **Hier das passende Video auf YouTube:**

Zurück zu unserem Shitcoin-Dilemma: Die vielen Meme-Coins und die zunehmende Übertokenisierung führen dazu, dass sich das Kapital der Krypto-Anleger im Altcoin-Sektor verteilt.

Kurzlebige Projekte zapfen sich die Liquidität von den Projekten ab, die eigentlich nachhaltig etwas aufbauen wollen. Hohe Renditeversprechen wirken einfach wie Magnete auf uns. Sie lösen diesen Casino-Effekt aus, den viele eigentlich vermeiden wollten.

Mich erinnert das stark an die Dotcom-Ära der 90er: Mit dem Aufschwung des Internets glaubte plötzlich jeder, dass Online-Projekte das nächste große Ding seien. Was heute Influencer über Social Media hypen, wurde damals von Medien und Analysten gefeiert. Die neuen Super-Aktien aus dem Tech- und IT-Sektor waren überall Thema.

Viele Privatanleger, angefixt von den Renditeversprechen, wollten mit dabei sein und sprangen auf den Zug auf. Sie gaben jungen

Unternehmen über Börsengänge (IPOs) ihr Kapital. Und diese nahmen das Geld natürlich dankend an!

Der Aktienmarkt wurde von diesen astronomisch hohen Erwartungen gefüttert und zunehmend in eine Dotkom-Spekulationsblase getrieben.

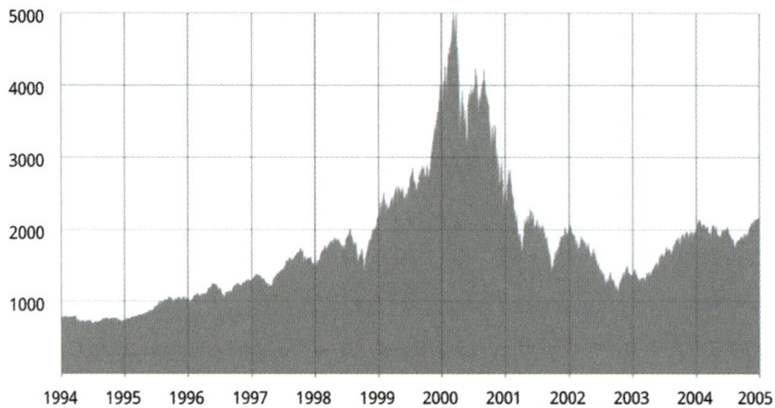

Abbildung 32: NASDAQ Composite Index 1994-2005 rund um die Dotcom-Blase. Die Y-Achse zeigt den Indexstand in Punkten, die X-Achse die Zeit.

Dramatischer Anstieg bis zum Jahr 2000 als Ausdruck für Euphorie rund um Internet- und Technologiewerte. Anschließender Absturz markiert das Platzen der Blase.

Quelle: Lalala666 at English Wikipedia (https://commons.wikimedia.org/wiki/File:Nasdaq_Composite_dot-com_bubble.svg), „Nasdaq Composite dot-com bubble", als gemeinfrei gekennzeichnet, Details auf Wikimedia Commons: https://commons.wikimedia.org/wiki/Template:PD-user

Doch irgendwann merkten viele Anleger, dass sie aufs falsche Pferd gesetzt hatten. Als der Markt um das Jahr 2000 zu kippen begann, verkauften sie in Panik und die Kurse brachen ein.

Der NASDAQ-Index, der viele Technologiefirmen abbildet, fiel von seinem Hoch bei 5 000 Punkten auf unter 1 200 Punkte im Jahr 2002. Das war ein Rückgang von über 70 %. Viele Dotcoms wie der Online-Tiernahrungshändler Pets.com gingen pleite. Andere Projekte wurden von größeren Firmen aufgekauft. Nur wenige überlebten und entwickelten sich zu den heutigen Tech-Giganten: Amazon, eBay, Facebook (heute Meta) oder Google.

Aber mal ehrlich: Woher hätte man damals wissen sollen, wer zwanzig Jahre später die neuen Sterne am Himmel sind? So wie damals im Tech-Aktienmarkt wissen wir es heute auch nicht besser.

Fairerweise muss man sagen: Der Meme-Sektor entwickelt sich glücklicherweise weiter. Einige Communitys spenden ihre Gewinne an Gesundheitsorganisationen. Andere bauen eigene DeFi-Plattformen. Und manche wollen sich wie Dogecoin als alltägliches Zahlungsmittel etablieren.

> 💡 **Manche sprechen sogar schon von *Utility-Meme-Coins*, wobei das auch Teil einer Marketingstrategie sein mag ...**

Meme-Coins könnten in Zukunft eine wichtige kulturelle Rolle in unserer Social-Media-Welt spielen. Vielleicht werden sie irgendwann sogar zu einer spekulativen, aber akzeptierten Anlageklasse. Alles ist möglich.

Gleichzeitig glaube ich, dass der Casino-Markt mit wachsender Nutzung von Blockchain-Anwendungen Anteile abdrücken muss - spätestens dann, wenn immer mehr institutionelle Investoren mit großen Summen einsteigen und die Marktkapitalisierung steigt.

Und mit der Masseneinführung von Krypto werden auch die Meme-Coins immer stärker unter die Lupe genommen werden. Krypto-Börsen werden gezwungen sein, klare Listing-Standards zu schaffen, um Anleger zu schützen und den Überblick über die Vielzahl an Tokens zu behalten.

Ich denke, der Kryptomarkt wird sich - wie viele Märkte zuvor - erst einmal aufblähen.

Es wird zu viele Tokens geben. Und dann wird eine Art von Bereinigungsphase kommen. Nicht alle Projekte werden überleben. Einige

Meme- und Trendprojekte werden kurzfristig sogar besser performen als nachhaltige Projekte. Aber viele davon werden sich danach einfach in Luft auflösen.

Ob dieser Wandel relativ abrupt stattfindet, so wie damals bei der Dotcom-Blase, oder ob er sich langsam und schleichend vollzieht? Das hängt davon ab, ob wir aus der Vergangenheit lernen wollen ... oder nicht.

Bis dahin müssen wir uns wohl damit anfreunden, dass Memes und deren Bande nicht einfach verschwinden; genau wie Casinos sich irgendwann etabliert haben.

🤓 Nerdbox: Memes auf Bitcoin

Lange blieb Bitcoin vom Meme-Space verschont. Kein Wunder: Bitcoin hatte schließlich keine klassischen Smart Contracts im Angebot, die solche Spielereien ermöglichten.

Doch 2023 und 2024 änderte sich etwas: Mit neuen Ansätzen wie Ordinals, BRC-20 und später Runes wurde auch die älteste Blockchain der Welt plötzlich zur Heimat für Meme-Coins und NFTs.

Eines der angeblich ersten großen Meme-Projekte auf Bitcoin war z. B. der Coin DOG. Er wurde 2024 kostenlos an Nutzer verteilt und schoss zwischenzeitlich auf eine Marktkapitalisierung von fast 1 Milliarde US-Dollar.

Der Hype hatte aber Folgen: Die hohe Nachfrage ließ - sehr zum Ärger vieler Bitcoin-Nutzer - die Transaktionsgebühren steigen. Plötzlich teilte sich Bitcoin seinen knappen Blockspace nicht mehr nur mit BTC-Transaktionen, sondern auch mit Pizza-Tokens und Co!

Viele Bitcoin-Puristen befürchteten, dass die Meme-Welle das Netzwerk überfluten, die Dezentralität gefährden und den Ruf als digitales Gold verwässern könnte. Andere sahen es genau umgekehrt: Die Memes brachten frischen Wind in den Bärenmarkt. Sie sorgten für Aufmerksamkeit, neue Nutzer und neue Einnahmequellen für die Miner.

Ohne diese Hypes wäre der Bärenmarkt wohl um einiges langweiliger geworden.

👉 Hier das passende Video auf YouTube:

Was uns schlussendlich zum Thema Investieren bringt: Wenn du in Altcoins investieren willst, ist es wichtig zu verstehen, mit was für einem Projekt du es zu tun hast. Wird der Coin gerade überbewertet und durch Social Media hochgepusht oder läuft er noch unter dem Radar? Folge nicht stur irgendwelchen Hypes, bevor du investierst!

Hier stehen wir nun und du fragst dich vielleicht: „Hilfe! Was davon ist überhaupt investierbar? Und bei so vielen Coins - welcher soll in mein Portfolio? Worauf muss ich bei Bitcoin und Altcoins achten?“

Fragen, auf die du im zweiten Teil Antworten findest. Denn jetzt hast du verstanden, worum es bei Krypto geht. Als Nächstes geht es darum, wie du Krypto konkret für dich einsetzen kannst.

💪 Vokabelbox: Diese Begriffe solltest du jetzt draufhaben:

Volatilität	Beschreibt, wie stark ein Kurs schwankt
MiCA	EU-Gesetz (Markets in Crypto-Assets), das für einheitliche Krypto-Regeln in Europa sorgt
Rug Pull	Betrugsmasche: Krypto-Projekt lockt mit Versprechen, sammelt Geld und verschwindet dann plötzlich mit allem.
Privacy Coin / Token	Coins wie Monero oder Zcash, die besonders stark auf Datenschutz setzen

ICO (Initial Coin Offering)	Krypto-Version eines Börsengangs: Eine Art Crowdfunding für Krypto-Projekte. Investoren kaufen Tokens, bevor es das Projekt wirklich gibt. Nicht gleichzusetzen mit einem IPO (Börsengang), da oft keine Unternehmensanteile verkauft werden und es weniger Regulierung gibt.
Meme-Coin	Spaß-Coin, meist ohne echten Nutzen, aber mit großer Fanbase und wilden Kursbewegungen
Utility Token	Nutzungs- bzw. Dienstleistungs-Token, der dir innerhalb eines Projekts oder Netzwerks Funktionen bzw. Zugang zu Dienstleistungen bietet

Hinweis & Disclaimer

Auch der folgende zweite Teil im Buch dient wie der erste Teil ausschließlich zu Informations- und Bildungszwecken. Das Buch stellt keine Finanz-, Anlage- oder Steuerberatung dar und ist keine Empfehlung zum Kauf oder Verkauf von Kryptowährungen, Tokens oder anderen Finanzprodukten.

Alle Inhalte, Beispiele, Zahlen und Szenarien wurden sorgfältig recherchiert und nach bestem Wissen aufbereitet. Dennoch wird keine Gewähr für Vollständigkeit, Richtigkeit oder Aktualität übernommen. Die dargestellten Strategien und Methoden spiegeln persönliche Erfahrungen und didaktische Ansätze wider. Sie ersetzen nicht deine eigene Recherche und nicht den Austausch mit einem unabhängigen Finanz- oder Steuerberater.

Bitte beachte: Die steuerliche Behandlung von Kryptowährungen kann sich ändern und hängt von deiner individuellen Situation ab. Investitionen in Kryptowährungen sind mit Risiken verbunden und können bis zum Totalverlust führen. Handle immer eigenverantwortlich und nur mit Kapital, das du entbehren kannst.

TEIL 2

So investierst du in Kryptowährungen

Als ich das erste Mal in Krypto investierte, wusste nicht,

- wann eine gute Gelegenheit zum Kaufen, Nachkaufen und Verkaufen ist,
- in welchen Coin ich mein Geld schmeißen soll und wovon ich besser die Finger lasse,
- wie viele Coins in meinem Portfolio überhaupt Platz haben.

Der Markt war gerade im Aufschwung und egal wo man hinsah, gingen die Kurse durch die Decke. Jeden Tag grüne Kerzen und ich hatte keinen Cent im Markt! Also habe ich angefangen zu kaufen, weil ich Angst hatte, etwas zu verpassen.

> 💡 Im Jahr 2025 investieren Krypto-Anleger im Durchschnitt **rund 29 %** ihres gesamten Vermögens in digitale Assets. Das ist ein klarer Anstieg gegenüber der ersten Erhebung im Jahr 2022.
>
> 61 % der Investierenden halten mehr als 20 % ihres Gesamtvermögens in Krypto. Von denen, die über 50 % in digitale Assets investiert haben, planen 76 % einen mittel- bis langfristigen Anlagehorizont. (Quelle: KPMG x BTC-ECHO, Digital Assets in Deutschland 2025)[19]

Erst nach meinen ersten Käufen habe ich angefangen, mich mit Bitcoin und einzelnen Altcoins zu beschäftigen. Wie hätte ich damals wissen sollen, dass Wirtschaftsdaten und Bitcoin-typische Muster die Bitcoin-Performance bestimmen und Altcoins stark von ihrer realen Anwendung und Hypes abhängen? Ich musste damals vieles lernen und bis heute lerne ich täglich dazu.

Meine ersten Käufe waren getrieben von FOMO. Ich bin in eine klassische Anlegerfalle getappt. An der Börse wird zu 90 % aus Emotionen heraus entschieden, mit Erwartungen gehandelt und spekuliert - und das wirkt sich schädlich auf die eigene Rendite aus.

---

[19] https://kpmg.com/de/de/home/media/press-releases/2025/03/vertrauen-in-digitale-assets-waechst-trotz-regulatorischer-herausforderungen.html

🤓 Nerdbox: FOMO & FEAR: Wenn Emotionen das Ruder übernehmen

FOMO (Fear of Missing Out) ist die Angst, etwas zu verpassen. Das ist der emotionale Gemütszustand, den viele von uns nur allzu gut kennen. Wenn ein Coin plötzlich stark steigt und alles grün leuchtet, willst du auch rein, aus Angst, dass du zu spät bist. Du kaufst den Coin, weil ihn alle anderen gerade hypen.

FEAR (Angst) ist das Gegenteil. Es beschreibt die Panik, dass alles abstürzt. Wenn Kurse fallen und alle Zeiger auf Rot umschalten, verkaufen viele aus Angst, noch mehr zu verlieren.

Warum verhalten wir Menschen uns so? Tja, dank der lieben Evolution, denn wir haben immer noch Urinstinkte in uns. Wir wollen überleben, wenn Gefahr droht. Kommt ein wildes Tier und will dich angreifen, rennst du entweder davon oder du kämpfst dagegen. In beiden Fällen handelst du, du bist aktiv. Still zu stehen wäre die schlechteste Option. Seit Jahrtausenden haben wir diesen Handlungsdrang antrainiert und er ist nicht einfach wegzutrainieren. Doch genau dieses Verhalten kann bei der Geldanlage eher nachteilig sein.

Abbildung 33: Fear & FOMO - Wie Urinstinkte unser Investieren steuern. Angst (Fear) und die Angst, etwas zu verpassen (FOMO), wurzeln in unseren Überlebensinstinkten. Heute beeinflussen sie jedoch unser Verhalten an den Finanzmärkten.

Alles beginnt damit, dass der Kurs mal leicht steigt. Du bist interessiert, aber kaufst noch nicht. Doch dann steigt der Kurs. Andere Leute fangen langsam an zu kaufen. Ein Bekannter von dir schwärmt, dass es gerade richtig gut bei seinen Coins läuft. Seit Wochen liest du nur positive Schlagzeilen wie *„Bitcoin explodiert! XRP neues Allzeithoch!“* Doch du wartest lieber noch ein bisschen ab, um „sicherzugehen“, dass die Kurse auch wirklich steigen. Du denkst dir: „Wenn's dann wieder nach unten geht, steig ich ein.“

Doch die Kurse steigen *wirklich*! An der Stelle steigt wirklich jeder Skeptiker ein. Es kommt zu FOMO und Gier. Jeder will Gewinne mitnehmen.

Ein paar Wochen später ... kommt es zum „Kampf“ zwischen Käufern (Bullen) und Verkäufern (Bären). Das Gleichgewicht kippt. Die Bären dominieren, der Verkaufsdruck ist zu stark und die Kurse fallen. Du denkst dir: „Was für ein Mist! Sobald das Ding wieder oben ist, verkauf' ich. Das war so nicht geplant!“

Algorithmen, Bots, Großinvestoren und Profi-Trader erkennen das Muster. Sie spekulieren auf fallende Kurse und bewegen zusätzlich einen großen Teil vom Handelsvolumen. Sie verstärken den Verkaufsdruck künstlich. So langsam wird dein Bekannter nervös. Er fängt an zu verkaufen. „Lief wohl doch nicht so gut“, erzählt er dir.

Irgendwann wirst du auch panisch. „Wann kommt die Gegenbewegung“, fragst du dich. „Der Bullenmarkt kann doch nicht schon vorbei sein!“

Enttäuscht machst du den Laptop aus und schaust während des gesamten Bärenmarktes nicht mehr in dein Portfolio. „Das Geld ist ja eh futsch.“ Als der Kurs ganz unten ist, verkaufst du schließlich. „Lieber jetzt, bevor ich am Schluss alles verliere!“ Deine Stimmung sowie die der meisten Anleger ist im Keller. Das ist der Moment, auf den die großen Investoren mit ihren Cash-Beständen gewartet haben. Sie kaufen ein. Der Markt erholt sich, die Bullen kehren zurück und die Nachfrage steigt erneut (Trendumkehr).

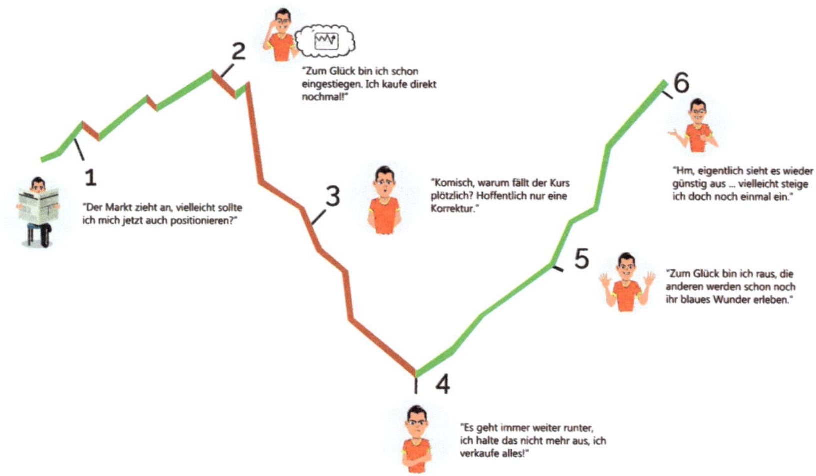

Abbildung 34: Der Anleger-Emotionen-Zyklus. Diese emotionale Achterbahn prägt die typischen Kauf- und Verkaufsentscheidungen vieler Anleger.

Damit wir aus dieser Spirale rauskommen, müssen wir uns selbst besser kennen und lernen, *wie* und *wann* man am besten Krypto kauft und verkauft.

Zwei gute Nachrichten zuerst:

Verhalten ist erlernbar. Wenn du weißt, wie du als Investor tickst, tust du dir leichter, deine Emotionen einzuschätzen. Je klarer du weißt, warum und wie du mit Krypto starten willst, desto besser bekommst du deine **Gier** in den Griff.

Wenn du weißt, worauf du bei Bitcoin und Altcoins achten musst, bekommst du deine **Ängste** besser in den Griff.

Auf beide Punkte wirst du in diesem Teil Antworten bekommen.

Die schlechte Nachricht: Auch wenn du dich noch so gut vorbereitest, kannst du nicht beeinflussen, wann die Kurse steigen oder fallen. Als Investor gehst du immer eine Wette mit einem Asset auf eine bestimmte Zeit ein. Nicht jede deiner Wetten wird perfekt aufgehen, sonst gäbe es auf dieser Welt nur Gewinner.

Aber du kannst entscheiden, was du mit deinen Möglichkeiten machst, um *teil*zunehmen, ohne dich zu *über*nehmen. Erfolg ist kein Vergleichswert mit anderen, bei dem es darum geht, der beste Investor mit dem größten Gewinn zu sein. Erfolg ist der Weg, den du **selbstbestimmt über die Zeit** gehst und wie du dabei mit deinem Geld immer besser wirst.

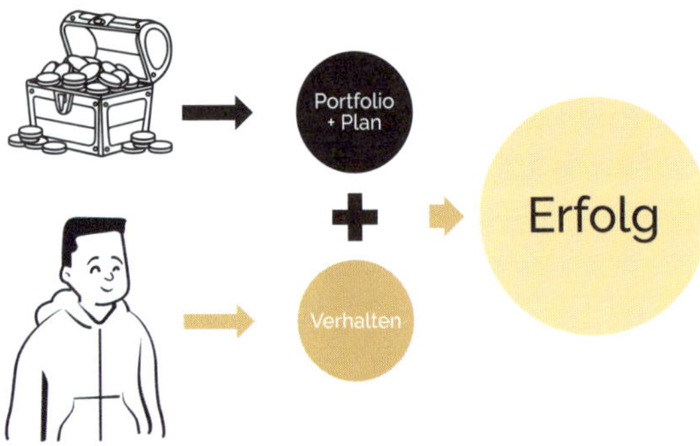

Abbildung 35: Erfolgsgleichung im Investieren. Ein klarer Plan plus diszipliniertes Verhalten führen langfristig zu finanziellen Erfolgen.

Damit du deine finanziellen Ziele mit weniger Umwegen erreichst (siehe Lebenstrade-Formel, Teil 1), lernst du jetzt anhand von vier Geschichten vier Menschen kennen, die Krypto auf ganz unterschiedliche Weise in ihr Leben integriert haben .

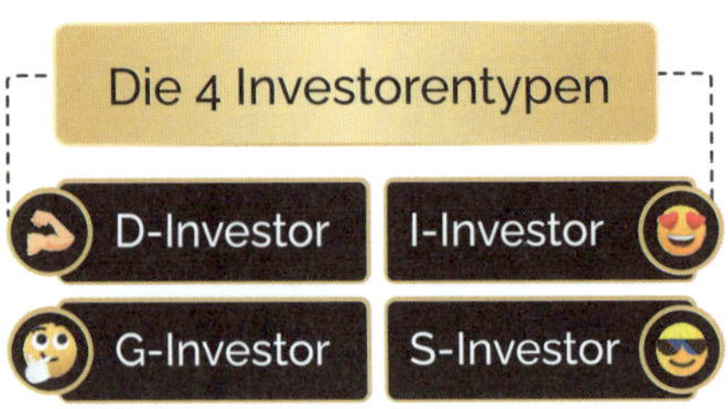

Abbildung 36: Die 4 Investoren-Typen. Angelehnt an das DISG-Modell zeigen diese vier Typen, wie unterschiedlich Menschen an Krypto-Investments herangehen.

Die vier Typen basieren auf dem bekannten DISG-Modell, einem Persönlichkeitstool, das oft in Unternehmen eingesetzt wird. Hier hilft es dir, ein Gefühl dafür zu bekommen, welcher Typ du **gerade** bist. Ich will dich damit nicht in eine Schublade pressen, sondern dir Orientierung geben. Denn wir Menschen verändern uns, unsere Strategien und damit auch unser Investorenverhalten. Mischtypen sind übrigens normal. Und ja, es gibt sicherlich noch viele weitere, aber der Platz im Buch ist begrenzt und du darfst keine Zeit verlieren. 😉

Zu jedem Typ bekommst du passende Strategien und Praxistipps, die du direkt für dich nutzen kannst.

Was Dean über sich, die Marktzyklen und Bitcoin lernte

Nennen wir ihn mal Dean. Wenn Dean etwas will, dann macht er's. Als er mit Mitte dreißig in der Vertriebsabteilung die leitende Führungsposition einnahm, wusste er: „Jetzt wird nach meinen Regeln gespielt." Er hasste es, wenn andere ohne klare Ziele herumdiskutierten, wo eigentlich längst entschieden werden müsste.

Als er im Oktober 2021 zum ersten Mal von Bitcoin hörte, hat er nicht lange gezögert. Das hatte Potenzial! „Wozu noch warten? Ich habe gerade noch Rücklagen, also kauf' ich heute noch."

Noch am selben Tag legte er bei einer zentralen Kryptobörse einen Account an. Dann zahlte er sein ganzes Erspartes per Sofort-Überweisung ein. Kaum eine halbe Stunde später kaufte er Bitcoin bei umgerechnet 56 000 US-Dollar.

„Mit wie viel bist du rein?", fragte ich ihn.

„Mit 50 000 Euro", meinte Dean. „Auf der Bank verliert mein Geld doch eh nur an Wert."

Nur wenige Wochen nach seinem Kauf verlangsamte sich die Rallye. In der Zwischenzeit legte sich Dean ein passendes Hardware-Wallet zu und transferierte seine Bitcoin-Bestände von der Börse auf das Wallet. Er wollte lieber selbst die Kontrolle über seine Bestände haben, da er *gerade im Plus* war. *Sicherheitshalber.*

Bitcoin erreichte im November ein neues Allzeithoch von über 68 000 Dollar. Danach sackte der Kurs rapide ab. Bis Ende Januar 2022 verlor

Bitcoin mit rund 34 000 Dollar rund die Hälfte seines Wertes. Der Bullenmarkt ging in einen Bärenmarkt über. Ein Jahr später, November 2022, war Bitcoin nur knapp 16 000 Dollar wert.

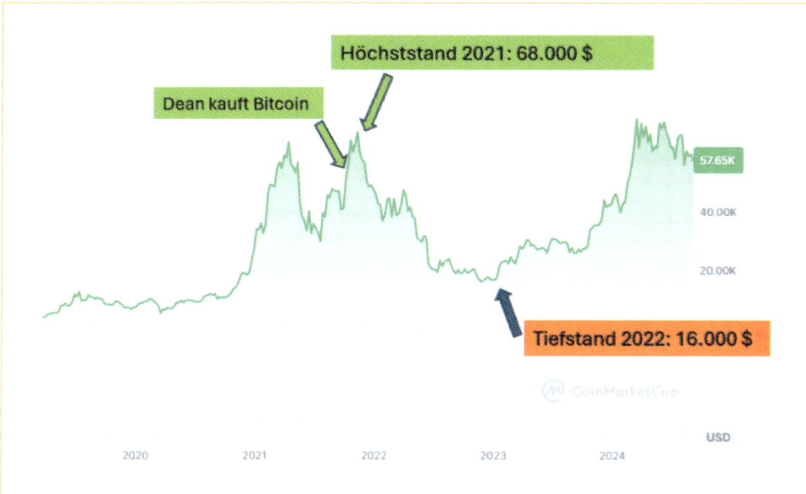

Abbildung 37: So kaufte Dean Bitcoin und erlebte die ganze Achterbahnfahrt. Dean stieg 2021 bei rund 56 000 $ ein, kurz vor dem Allzeithoch. Der Kurs stieg noch auf 68 000 $, doch ein Jahr später stand er bei nur 16 000 $. Daten bereitgestellt von https://coinmarketcap.com/. Modifiziert nach: https://coinmarketcap.com/currencies/bitcoin/

Dean war mit seinen Beständen über 70 % im Minus! Von seinen 50 000 Euro waren gerade mal noch rund 14 000 Euro übrig. Auch auf seinem Rücklagenkonto war kaum mehr ein Euro drauf. Dean war wütend, weil er alles auf einmal ausgeben hatte und jetzt nicht nachkaufen konnte. Er überlegte sich sogar, einen Kredit aufzunehmen.

Der D-Investor

Dean ist ein typischer Dominanter Investor (D-Investor). Er ist überzeugt von seiner Sache, kann klar entscheiden und geht mutig und mit einer **hohen Agilität** (Reaktionsschnelligkeit) ans Investieren heran.

Er mag es nicht, wenn er kontrolliert wird, und möchte möglichst viel **selbstständig** machen. Er kann sich auch gut mit den dezentralen

Vorstellungen von Bitcoin identifizieren und nimmt sich gerne regelmäßig Zeit, um sich auf dem neuesten Stand zu halten (**mittlerer Zeitaufwand**).

Dean ist **sehr chancenorientiert** und sucht nach Herausforderungen.

Auch wenn der D-Investor aus sachlichen Gründen investiert (*ich habe Geld = ich kann investieren*), so kann die FOMO im Markt seine Ungeduld verstärken. Und das führt dazu, dass er manchmal aus einem Impuls heraus über das Ziel hinausschießt und zu hohe Summen investiert (*alles oder nichts!*).

PRAXISTIPP:

Lerne zu verstehen, welcher Investor du bist

Zum Beispiel: Bist du risikofreudig oder eher sicherheitsorientiert? Kannst du noch ruhig schlafen, wenn du mal keine gute Entscheidung getroffen hast?

Wie hoch soll der angestrebte Anteil von Kryptowährungen deines gesamten investierten Kapitals sein? Bei einem Anteil von über 50 % deines gesamten Vermögens in Krypto solltest du dir genügend Zeit einplanen, um dich über die Projekte zu informieren.

Investiere nicht auf Kredit oder in Schulden! Das kann böse enden. Investiere nur Kapital, das du entbehren kannst.

Deans Geschichte ist kein Einzelfall. Wir kaufen gerne und viel, wenn es gut aussieht, und verkaufen, wenn die Kurse fallen. Doch genau das ist die typische Anlegerfalle! Was kannst du dagegen tun?

Warum bist du in Krypto und wie lange willst du bleiben?

Zuallererst musst du dir eine ganz entscheidende Frage beantworten: Warum bist du hier? Was machst du, wenn du dir mit dem Gewinn mehr Zeit erkaufst (siehe Lebenstrade)?

Jeder von uns hat andere Vorstellungen, was er mit dem Geld machen möchte:

Brauchst du das Geld, um deine Schulden zu tilgen oder um dir ein Haus zu kaufen, oder möchtest nur kurzfristig spekulieren und dann in andere Anlageklassen wie Aktien oder Edelmetalle diversifizieren? Wenn du dir zum Beispiel eine Immobilie kaufen willst, wirst du vermutlich den Großteil deiner Bestände verkaufen. Wenn du erst mal nur in den nächsten 3-5 Jahren dabei sein willst, dann frage dich, welcher Betrag dein Leben verändern würde. Was wäre für dich *Life Changing Money*? Würde sich erst für eine Million etwas in deinem Leben verändern oder reichen schon die ersten 100 000 Euro aus?

Anders musst du vorgehen, wenn du langfristig anlegst, weil du an die Technologie und an die zukünftige Wertentwicklung deiner Coins glaubst. In diesem Fall wirst du vermutlich eine klassische *Buy and Hold*-Strategie bevorzugen.

Buy and Hold ist im Grunde simpel. Wie der Name schon sagt, kaufst du deine Coins, zum Beispiel Bitcoin, und hältst sie über mehrere Jahre. Das funktioniert ähnlich wie ein langfristiges Investment in ETFs oder Aktienindizes wie den MSCI World, wobei (Achtung!) der Unterschied ist, dass diese breit gestreut sind, während Bitcoin nur ein einzelnes Asset ist.

🤓 Nerdbox: HODL: das bekannteste Krypto-Meme für *Buy and Hold*

HODL steht eigentlich einfach für: **Halten, nicht verkaufen!**

Es ist im Grunde die Krypto-Version der *Buy and Hold*-Strategie, aber mit einem Hauch mehr Community-Feeling.

Ursprünglich war es ein Tippfehler: 2013 schrieb ein User im Bitcoin-Forum „I am HODLING", als er trotz Kursabsturz seine Coins nicht verkaufen wollte. Der Tippfehler wurde Kult und steht heute für eine klare Haltung: nicht traden, nicht nervös werden, einfach halten.

Bei *Buy and Hold* steigst du nicht täglich ein und aus, sondern setzt auf den langfristigen Wertzuwachs. Kurzfristige Kursschwankungen spielen dabei keine Rolle. Im Laufe der Zeit realisierst du, wenn überhaupt, nur Teilgewinne.

Ich persönlich bin überzeugt, dass Krypto als Anlageklasse grundsätzlich bleiben wird. Allerdings wird nicht jeder kleine Altcoin auch noch in zehn Jahren existieren.

Mit der Wette, dass sich Bitcoin wahrscheinlich als digitaler Wertspeicher durchsetzen wird, eignet sich Bitcoin besonders gut für ein langfristiges *Buy and Hold*. Es ist die älteste, größte und bekannteste Kryptowährung der Welt. Es bietet die höchste Liquidität und gilt unter allen Kryptowährungen noch als vergleichsweise sicher. Auch ich möchte mit einem Bitcoin-*Buy and Hold*-Ansatz so viele Anteile wie möglich halten, um mir langfristig ein Vermögen aufzubauen.

Auch Ethereum und größere Altcoins mit echtem Nutzen haben aus meiner Sicht gute Chancen und eignen sich unter bestimmten Voraussetzungen für längere *Buy and Hold*-Strategien. Bei Altcoins wende ich je nach Projekt unterschiedliche Strategien an, wobei ich einige halte und andere teilweise bis ganz verkaufe, um mich in anderen Anlageklassen wie Edelmetallen oder ETFs breiter aufzustellen.

Rund 90 % der befragten Anleger haben Bitcoin im Portfolio. Bitcoin (BTC) und Ethereum (ETH) bleiben am beliebtesten. Aber auch Solana, Ripple (XRP) und Cardano (ADA) holen auf. 80 % der Anleger sind in den Top 10 der Kryptowährungen investiert. (Quelle: KPMG x BTC-ECHO, Digital Assets in Deutschland 2025)[20]

Zurück zu Dean: Dean möchte sich seinen Lebenswunsch erfüllen. Er investiert, weil er mit den Gewinnen ein eigenes Business gründen will. Außerdem glaubt er an die Zukunft von Bitcoin und möchte deshalb hodln. Er wird also nicht alles, sondern einen Teil verkaufen müssen. Doch *wann* ist ein guter Zeitpunkt, um Kryptowährungen zu verkaufen? Am besten verkaufst du Kryptowährungen im Bullrun, also dann, wenn der Markt stark steigt. Das ist der Zeitpunkt, wenn die Euphorie am größten ist und der Chart zum Mond zeigt.

---

[20] https://kpmg.com/de/de/home/media/press-releases/2025/03/vertrauen-in-digitale-assets-waechst-trotz-regulatorischer-herausforderungen.html

PRAXISTIPP:

So nutzt du den Fear & Greed-*Index*

Der *Fear & Greed*-Index ist ein Index, der mehrere Faktoren (Volatilität, Handelsvolumen, Nachrichtenstimmung, ...) kombiniert.

Mit dem *Fear & Greed*-Index kannst du die Marktstimmung ganz gut einschätzen: Steht der Zeiger unter 40, dominiert Angst (*fear*) den Markt. Viele sind dann verunsichert oder verkaufen aus Panik, weil die Preise fallen (*risk off*). Hier können gute Kaufchancen entstehen.

Im neutralen Bereich (zwischen 40 und 60) hält sich die Stimmung stabil. Der Markt weiß nicht so recht, wohin es gehen soll, und pendelt seitwärts. In dieser Phase kannst du also die Zeit nutzen und dein Portfolio nachjustieren.

Schwenkt der Zeiger auf über 60, beginnt unser Risikohunger zu wachsen (*risk on*) - und damit die Gier (*greed*). Das treibt die Kurse oft kurzfristig nach oben, birgt aber auch das Risiko, dass es bald zu einer Korrektur kommt.

- **Praxistipp:** Schau dich auf Social Media wie YouTube, Twitter, Insta oder TikTok um. Wenn die Preise explodieren und jeder Analyst „Mondpreise“ prognostiziert, ergeben sich gute Verkaufschancen.
- **Praxistipp:** Schau dir auch den F&G Chart an. Mit diesem Chart kannst du die Entwicklung der Marktstimmung über einen längeren Zeitraum einschätzen. Wenn der Markt z. B. heute „neutral“ ist, wie war die Stimmung vor einem Monat oder vor einem Jahr?

Abbildung 37: *Fear & Greed*-Index zeigt, ob der Markt aktuell eher ängstlich oder gierig ist. Der Index Chart hilft dir, die Stimmung im zeitlichen Verlauf einzuordnen. Daten bereitgestellt von https://coinmarketcap.com/. Modifiziert nach: https://coinmarketcap.com/charts/fear-and-greed-index/

Um einzuschätzen, ob wir gerade in einer Bullen- oder Bärenphase sind, hilft dir ein grobes Verständnis über Markzyklen und Dinge, die Bitcoin beeinflussen können. Das ist übrigens für jeden Anlegertyp ein spannendes Thema. 😉

Was du über Bitcoin wissen musst

Bitcoin wird häufig als das digitale Gold bezeichnet. Denn wie Gold ist Bitcoin ein knappes Gut. Die Menge an Coins ist auf maximal rund 21 Millionen gedeckelt, im Code fest definiert. Das macht Bitcoin deflationär.

🤓 Nerdbox: Bitcoin vs. Gold

Auf den ersten Blick haben Bitcoin und Gold einiges gemeinsam. Beide gelten als Wertspeicher, sind begrenzt verfügbar und werden als Alternativen zum klassischen Geldsystem betrachtet. Aber es gibt auch entscheidende Unterschiede, hier zwei Beispiele:

1. **Bei Bitcoin sind alle Bestände öffentlich einsehbar:** Die Blockchain macht jede Bewegung der Coins transparent. Bei Gold hingegen weiß nur eine kleine Gruppe, wie viel tatsächlich in Fort Knox oder anderen Tresoren liegt.

2. **Gold ist deutlich stabiler:** Durch seine lange Geschichte und die hohe Marktkapitalisierung schwankt der Goldpreis deutlich weniger. Gold hat sich in vielen Krisen bewährt und gilt bis heute als sicherer Hafen. Bitcoin dagegen wird in Panikphasen oft noch mitverkauft, weil das Vertrauen in Bitcoin als Inflationsschutz noch nicht flächendeckend etabliert ist. Mit zunehmender Marktreife und steigender Marktkapitalisierung könnte sich das jedoch ändern.

Die Miner im Bitcoin-Netzwerk bauen etwa alle zehn Minuten neue Bitcoin ab. Die Neuschürfung ist bereits weit vorangeschritten. Von den 21 Millionen Coins sind bereits rund 95 Prozent im Umlauf (Stand 2025), und Schätzungen zufolge könnte der letzte Bitcoin um das Jahr 2140 abgebaut sein.

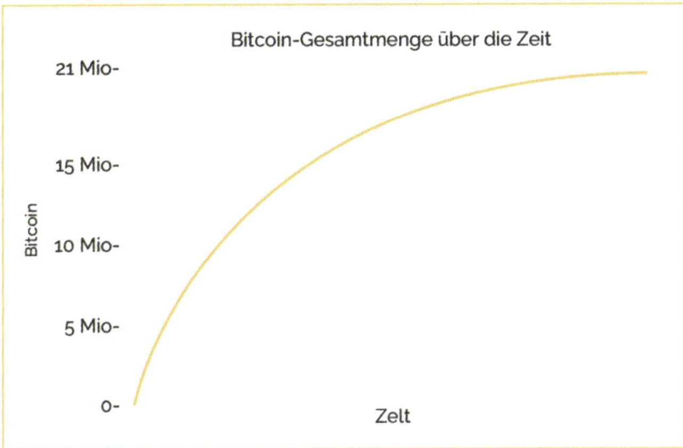

Abbildung 38: Die maximale Bitcoin-Menge ist auf 21 Millionen begrenzt. Im Laufe der Zeit werden immer weniger neue Bitcoin erzeugt, bis das Limit erreicht ist.

Auch das Angebot neuer Bitcoin pro Block wird im Laufe der Zeit immer knapper. Das wird durch das sogenannte Bitcoin Halving sichergestellt, ein Mechanismus im Bitcoin-Protokoll, der etwa alle vier Jahre stattfindet und die Belohnung für die Miner halbiert.

Halving	Wann?	Belohnung pro Block
1	November 2012	Von 50 auf 25 BTC
2	Juli 2016	12,5 BTC
3	Mai 2020	6,25 BTC
4	April 2024	3,125 BTC (aktuell!)
5	April 2028 (geschätzt)	1,5625 BTC

Warum ist das für dich wichtig zu wissen? Bitcoin folgte in der Vergangenheit einem zyklischen Vierjahresmuster, das eng mit dem Halving zusammenhängt. Nach dem Halving stieg zeitversetzt in der Vergangenheit Bitcoin an. Besonders eindrücklich waren die Spitzen im Markt (**Zyklus-Tops**). Diese wurden in der Vergangenheit oft etwa 12 bis 18 Monate (ca. 1-1,5 Jahre) nach dem Halving erreicht.

In früheren Zyklen stieg der Bitcoin-Preis dabei oft auf ein Vielfaches seines vorherigen Allzeithochs (**All-Time High = ATH**). Aber mit jedem neuen Zyklus sind die prozentualen Anstiege etwas kleiner geworden. Während Bitcoin nach dem ersten Halving 2012 noch um 9700 % anstieg, waren es nach dem dritten Halving 2020 nur noch rund 740 %! Bitcoin wächst also nicht mehr so explosiv wie in seinen Anfangszeiten.

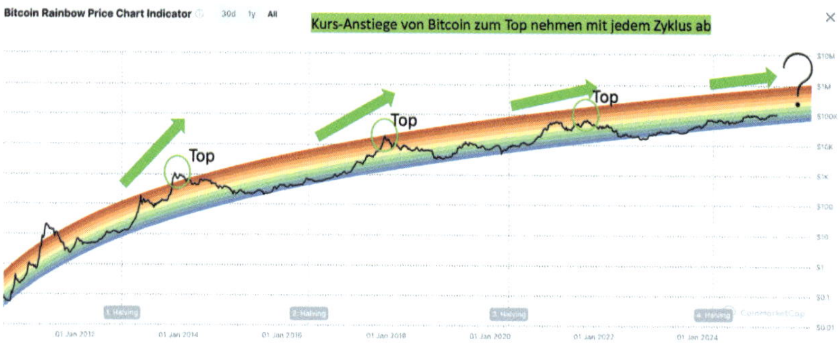

Abbildung 39: Bitcoin Rainbow Chart: Tops im Zeitverlauf. Die prozentualen Kursanstiege von Bitcoin bis zum jeweiligen Zyklus-Top werden mit der Zeit kleiner - ein natürlicher Reifeprozess des Marktes. Daten bereitgestellt von https://coinmarketcap.com/. Modifiziert nach: https://coinmarketcap.com/charts/crypto-market-cycle-indicators/

Heute wird der Zyklus aus Bullenmarkt und Bärenmarkt längst nicht mehr nur durch das Halving bestimmt.

Auch die Mining-Industrie, zu der mittlerweile börsennotierte Unternehmen wie Marathon Digital (MARA) gehören, geht inzwischen ganz anders mit der Angebotsverknappung um. Viele Miner haben gelernt, effizienter zu arbeiten, ihre Kosten zu senken und neue Einnahmequellen zu erschließen. Das Halving ist für viele Miner eher zu einem medienträchtigen Ereignis im Bitcoin-Kalender geworden als zu einem echten wirtschaftlichen Einschnitt, wie er es früher einmal war.

💡 **PRAXISTIPP:**

Basis-Indikatoren & Rainbow-Chart

Nutze den Chart, um grob zu erkennen, ob wir uns gerade in einer Aufwärts- oder Abwärtsphase befinden. Du musst kein Profi sein - es reicht, wenn du siehst, wann das letzte Allzeithoch war und wie weit der Kurs aktuell davon entfernt ist.

Wenn dir klassische Charttechnik zu kompliziert ist, schau dir den Rainbow Chart an. Den findest du zum Beispiel auf Coinmarketcap (s. oben). Er zeigt mit Farbbändern, ob Bitcoin historisch eher teuer (überbewertet = rot) oder günstig (unterbewertet = blau) war. Der Chart ist nicht für kurzfristige Preisprognosen gedacht, aber er zeigt dir, ob du dich tendenziell in einer Kauf- oder Verkaufszone befindest.

💡 **Praxistipp für Fortgeschrittene:**

Es gibt natürlich noch weitere technische Indikatoren, die ich selbst und viele aus meiner Community nutzen. Je mehr Indikatoren du kombinierst, desto präziser werden deine Einschätzungen, „wo wir uns gerade befinden".

Dazu gehören zum Beispiel der RSI-Wert, der MACD, der ADX, der 200-Tage-Durchschnitt oder der *Pi Cycle*-Indikator. Wer sich tiefer mit Chartanalyse beschäftigt, kann sich sogar konkrete Kauf- und Verkaufszonen mit Methoden wie der Fibonacci-Analyse oder der Elliott-Wellen-Theorie herleiten.

In den letzten Jahren veränderte sich die Krypto-Welt und viel stärkere Mächte kamen ins Spiel. Das große Geld betrat die Bühne! Mit der Einführung der ersten Bitcoin-Spot-ETFs in den USA im Januar 2024 öffnete sich der Markt für ganz neue Investoren. Plötzlich konnten riesige Vermögensverwalter wie BlackRock und Co, die Billionen an Kapital bewegen, die Nachfrage ihrer Kunden bedienen und ein reguliertes, leicht zugängliches Bitcoin-Produkt anbieten. Bitcoin, das „Anti-Fiat-Asset", wurde vom klassischen Finanzsystem regelrecht inhaliert.

ETFs sind liquiditätsstark. Neue Anleger bringen ihre Liquidität in den Kryptomarkt, vom Privatanleger bis zum institutionellen Investor.

Als die Gold-ETFs vor rund zwanzig Jahren starteten, ging der Goldpreis nach oben. Von 400 Dollar 2004 auf 800 Dollar vier Jahre später!

Das institutionelle Interesse war so groß, dass Bitcoin zum ersten Mal sein vorheriges Allzeithoch nicht erst nach, sondern bereits vor dem Halving erreichte. Zum ersten Mal durchbrach Bitcoin damit sein typisches Muster.

Abbildung 40: Allzeithoch vor dem Halving. Erstmals erreichte Bitcoin sein vorheriges Allzeithoch nicht nach, sondern vor einem Halving – ein mögliches Zeichen für veränderte Marktzyklen. Erstellt mit TradingView.com, Stand: Juli 2025.

Institutionelle Anleger können heute über ETFs, Fonds, Termingeschäfte wie Futures und Optionen ganz einfach und reguliert in Bitcoin investieren. Das führt dazu, dass große Geldmengen in kurzer Zeit in den Markt fließen oder eben auch wieder abgezogen werden. Solche Zu- und Abflüsse können den Bitcoin-Kurs spürbar beeinflussen.

Aber das Interesse der Großanleger ist nur ein Teil der Geschichte. Es gibt noch einen anderen, oft unterschätzten Faktor: das viele Geld, das weltweit im Umlauf ist.

Wenn du dir den Bitcoin-Kurs über längere Zeit anschaust, wirst du feststellen, dass er mit ein paar Monaten Verzögerung oft darauf reagiert, ob gerade viel oder wenig Kapital im Markt unterwegs ist. Und diese globale Liquidität hängt stark davon ab, wie die Zentralbanken ihre Geldpolitik gestalten.

Risikoappetit am Markt: Risk-on vs. Risk-off

Risk-on (viel Geld, niedrige Zinsen)	Risk-off (Unsicherheit, Inflation, hohe Zinsen)
Bitcoin	Bitcoin (je nach Phase auch als Wertspeicher)
Altcoins	Gold
Tech-Aktien (z. B. Tesla, Nvidia)	Staatsanleihen mit guter Bonität
Small Caps (Aktien kleiner Unternehmen)	Schweizer Franken
Tech-Aktien (z. B. Tesla, Nvidia)	Erhöhte Bargeldhaltung

Hinweis: Bitcoin ist nicht immer eindeutig! In bullischen Phasen fließt vermehrt Kapital in Bitcoin, besonders wenn auch Tech-Aktien steigen und die Zinsen niedrig sind. In Phasen globaler Unsicherheit und hoher Inflation suchen manche Anleger Schutz in Bitcoin. Allerdings ist Bitcoin weitaus volatiler und daher nicht für alle ein klassischer sicherer Hafen.

Abbildung 41: Risk-on vs. Risk-off am Markt. Je nach Marktphase fließt Kapital in risikoreiche Anlagen (Risk-on) oder in sichere Häfen (Risk-off).

Wenn die Zinsen niedrig sind und die Zentralbanken Geld in die Märkte pumpen, nennt man das eine lockere Geldpolitik. In so einer Phase kommen Anleger günstiger an Kapital. Viele investieren dann lieber in Anlagen wie Bitcoin, weil sie dort mehr Rendite erwarten. Das treibt die Kurse oft nach oben.

Wenn die Zinsen steigen oder die Geldpolitik wieder straffer wird, passiert das Gegenteil. Dann fließt weniger Geld in den Markt, und viele Anleger ziehen sich zurück. Das kann sich auch im Bitcoin-Kurs mit einem Rückgang bemerkbar machen.

Neben den großen Geldströmen beeinflussen auch kurzfristige Nachrichten den Bitcoin-Kurs. Das können zum Beispiel neue Regulierungen, politische Spannungen oder wirtschaftliche Unsicherheiten sein.

Viele dieser starken Marktsignale kommen aus den USA. Auch wenn die Vereinigten Staaten längst nicht für alles das Zentrum der Welt sind, spielen sie in den globalen Finanzmärkten neben Europa und Asien eine zentrale Rolle.

Die USA sind nach wie vor die größte Volkswirtschaft der Welt. Der US-Dollar ist die wichtigste Währung im internationalen Handel, und die US-Notenbank gehört zu den mächtigsten Zentralbanken weltweit. Viele Rohstoffe wie Öl oder Gold werden außerdem in Dollar gehandelt und auch bei Bitcoin ist der Dollar auf den meisten Börsen das wichtigste Handelspaar (z. B. BTC zu USD).

Und nicht zu vergessen, kommen die sieben größten und einflussreichsten Technologieunternehmen (Magnificent Seven) wie Microsoft, Apple oder Alphabet (Google) alle aus den USA. Sie bestimmen einen großen Teil des Tech-Aktienmarkts, ähnlich wie Bitcoin die Richtung im Kryptomarkt vorgibt.

PRAXISTIPP:

Schaue, höre oder lies regelmäßig Nachrichten zur Weltwirtschaft, Politik und Technik. Achte auf Schlagzeilen, die starke Emotionen am Markt auslösen könnten. Zum Beispiel:

- Chaotische Handelspolitik wie unter Trump
- Krisenherde wie Nahost oder Ukraine
- Unerwartete Daten zu Inflation oder Arbeitslosigkeit
- Bewegungen bei Indizes wie DAX oder NASDAQ und Rohstoffen wie Gold
- Aussagen der US-Notenbank zu Zinsen oder Geldpolitik
- Quartalszahlen von Konzernen wie Nvidia oder Microsoft

Abbildung 42: Buy the Rumor, Sell the News. Anleger kaufen oft in Erwartung positiver Nachrichten und verkaufen direkt nach dem Ereignis, oft bevor der Kurs wieder fällt.

Je nach Stärke der Nachricht kann es zu einem sogenannten „Buy the Rumor, sell the News"-Moment kommen. Anleger kaufen im Vorfeld, weil sie auf positive Nachrichten hoffen. Der Kurs steigt. Sobald das Ereignis eintritt, verkaufen viele und der Kurs fällt, selbst wenn das Event gut war (z. B. die Amtseinführung von Trump im Januar 2025 oder das Halving-Event im April 2024). Das Ganze funktioniert auch umgekehrt: Wenn ein Ereignis im Vorfeld negativ eingeschätzt wird und sich später als weniger schlimm herausstellt, kann der Kurs plötzlich steigen.

Wichtig ist: Solche Bewegungen sind oft „News-gemacht" und der aktuelle Preis sagt wenig darüber aus, ob Bitcoin gerade „wirklich ein Problem hat". Am Chart kannst du dagegen besser erkennen, ob Bitcoin „nur kurz dippt" oder wir in eine längere Schwächephase rutschen. Je besser du diese Muster durchschaust, desto weniger machst du dich verrückt, wenn der Kurs zwischenzeitlich absackt.

Wir leben momentan in einer Zeit, die von Unsicherheit geprägt ist. In Nahost, der Ukraine und anderen Regionen gibt es anhaltende Konflikte. Manche sagen sogar, dass sich gerade das globale Machtgefüge verändert. Unsere klassischen Währungen wie der Euro oder der US-Dollar verlieren zunehmend an Kaufkraft. Gleichzeitig kommt die Weltwirtschaft nur schwer in Schwung.

Und genau diese Umstände spielen Bitcoin zugegeben in die Karten. Als digitales Geld, das unabhängig von Staaten und Zentralbanken funktioniert, gewinnt Bitcoin gerade in solchen Phasen an Bedeutung. Viele Menschen sehen in ihm einen Wertspeicher, der nicht beliebig entwertet werden kann, besonders dann, wenn das Vertrauen in klassische Systeme schwindet.

Besonders in solchen Momenten verhält sich Bitcoin oft anders als klassische Anlagen wie Aktien oder Anleihen und orientiert sich stärker an Gold. All diese Eigenschaften machen Bitcoin für viele Anleger als alternatives Investment so spannend.

🤓 Nerdbox: Als die Zölle Bitcoin entkoppelten

Im April 2025 orientierte sich Bitcoin zwischenzeitlich stärker an den Bewegungen von Gold als an Tech-Aktien wie Apple oder Nvidia.

Abbildung 43: Bitcoin orientierte sich an Gold. Im April 2025 folgte Bitcoin kurzfristig stärker den Kursbewegungen von Gold als denen von Tech-Aktien, ausgelöst durch geopolitische Unsicherheiten und neue US-Zölle. Erstellt mit TradingView.com, Stand: Juli 2025.

Ein möglicher Auslöser war die wirtschaftliche Unsicherheit rund um neue US-Zölle auf chinesische Waren. Präsident Trump erhöhte die Abgaben auf Importe aus China auf bis zu 145 %. In dieser Phase lief es für Gold richtig gut; das Edelmetall erreichte neue Höchststände. Bitcoin dagegen fiel zunächst, da viele Anleger es in solchen Momenten noch als risikobehaftet einstuften. Doch kurz darauf drehte sich das Bild: Der Kurs legte innerhalb einer Woche um 10 % zu. Während Gold weiter stieg, stabilisierte sich auch Bitcoin und zeigte plötzlich eine stärkere Korrelation zum Goldpreis als zu Tech-Aktien.

Wie Stefan einfach in Krypto spart und sein Leben genießt

Stefan ist ein bodenständiger Typ. Ende vierzig, verheiratet, Vater von zwei Kindern. Seit über zehn Jahren arbeitet er als Verwaltungsbeamter im Rathaus. Sein Gehalt kommt pünktlich am Monatsende.

Als ich ihm 2021 von Krypto erzählte, war seine erste Reaktion: „Krypto? Das ist doch nur was für Zocker!" Als ich ihm erklärte, für was die Blockchain wirklich nützlich ist und dass sie nicht nur aus Bitcoin und Memes besteht, lenkte er etwas ein. Doch so richtig „angefixt" war er nicht. „Das klingt mir alles zu kompliziert mit den Wallets, Börsen ... irgendwas mit Keys ... und ehrlich gesagt: Ich will das auch alles gar nicht wissen."

Eine Immobilie werfe ihm monatlich Miete ab, das eigene Haus sei fast abbezahlt und neben etwas Gold habe er sich neulich sogar ein paar Aktien gegönnt. Das sei aber schon das Höchste der Gefühle.

Er wusste, dass er nicht ideal eingekauft hatte, aber das spiele für ihn keine große Rolle, weil er den Gewinn sowieso erst in vielen Jahren brauche. Als ein paar der Aktien wenige Monate später jedoch ordentlich an Wert verloren, verkaufte er doch einen Teil, um nicht komplett mit Verlust dazustehen.

„Warum bist du dann in Aktien rein, wenn du weißt, dass sie schwanken?", fragte ich ihn.

„Will mich breit aufstellen", meinte Stefan. „Will ja was für die Rente und die Kinder haben. Und ab und zu kann man so was schon mal machen."

Als Bitcoin 2024 zum ersten Mal die Marke von 100 000 Dollar knackte und wir uns auf einen Kaffee trafen, erzählte mir Stefan, dass er jetzt auch ein bisschen Bitcoin gekauft habe: „Über ETCs bei meinem klassischen Broker, da spare ich mir den ganzen Kram mit der Technik. Eigentlich ist das nicht der Rede wert, aber weil du ja selbst in Krypto bist, wollte ich's dir trotzdem erzählen."

„Spannend, Stefan", sagte ich. „Und was hast du jetzt vor?"

Diesmal, meinte er, wolle er etwas strukturierter vorgehen als bei seinem kleinen Aktien-Fehlgriff.

„Hast du schon mal über einen Krypto-Sparplan nachgedacht?", wollte ich wissen. „Geht ganz einfach und du kannst alles automatisieren."

PRAXISTIPP:

Warum sich dein Investorenverhalten mit der Zeit verändert - und warum das gut ist

Je nach Lebensphase, Vermögen und Zeitrahmen ändert sich dein Ziel und damit auch deine Krypto-Strategie. Es gibt kein „One-Size-Fits-All", sondern die richtige Mischung zur richtigen Zeit.

Bist du unter dreißig oder stehst noch am Anfang deiner Reise?

Dann steht für dich vor allem der **Vermögensaufbau** im Fokus. Du hast mehr Zeit, bist oft freier in deinen Entscheidungen und kannst auch mal in risikoreichere Assets wie Kryptowährungen oder Aktien investieren. Verluste lassen sich mit der Zeit besser ausgleichen und du lernst aus deinen Erfahrungen.

Bist du fünfzig plus oder investierst schon länger?

Dann geht es eher um **Vermögenssicherung.** Du willst dein Erspartes vor Inflation schützen und vielleicht noch moderat wachsen lassen. Krypto macht dann oft nur einen kleinen Teil deines Gesamtportfolios aus. Je größer dein Vermögen bereits ist, desto weniger Risiko musst du eingehen, um deine Ziele zu erreichen. Defensive und konservative Strategien helfen dir, dein Kapital zu erhalten.

Wichtig: Bitte verwechsle dein Investorenverhalten nicht mit deinem Plan!

Nur weil du älter wirst oder deine Situation sich verändert, heißt das nicht, dass du keine klare Strategie brauchst. Im Gegenteil: Bleib bei deinem Plan, aber passe ihn regelmäßig an deine Lebensphase an!

Der S-Investor

Der S-Investor investiert ausgeglichen und sicherheitsorientiert. Strategisch baut er lieber langsam, aber stetig seine Bestände auf. Er kauft insgesamt in längeren Abständen als der D-Investor oder der I-Investor.

FOMO trifft ihn nicht so stark wie die anderen. Wenn der Bullenmarkt losgeht, bleibt er erst einmal ruhig. Das schützt ihn vor impulsiven Fehlern, kann aber auch zum Nachteil werden. Denn manchmal zögert er zu lange und steigt erst dann ein, wenn sogar die letzten Skeptiker schon investiert sind.

Er investiert, um langfristig Vermögen aufzubauen. Er braucht die Gewinne nicht sofort, sondern denkt an später, an das Alter oder an seine Kinder. Emotionen spielen also eine wichtige Rolle, auch wenn er nicht gern darüber spricht. Er ist eher introvertiert.

Veränderungen bereiten ihm oft ein mulmiges Gefühl und Risiko mag er schon gar nicht. Sein Gesamtvermögen ist deshalb meist konservativ oder ausgeglichen auf verschiedene Anlageklassen verteilt. Der Krypto-Anteil ist der kleinste davon, er will einfach nur ein bisschen dabei sein.

Für die Technologie interessiert er sich nur am Rande. Deshalb wirken indirekte Wege, etwa über Krypto-Zertifikate oder Direktkäufe über regulierte Anbieter, für ihn am einfachsten. Sich mit Selbstverwahrung über Hardware-Wallets und Co auseinanderzusetzen erscheint ihm eher zu kompliziert und die völlige Kontrolle über seine Bestände zu haben ist für ihn nicht entscheidend.

Sicherheit ist ihm wichtiger als maximale Rendite. Er setzt deshalb auf größere, bewährte Kryptowährungen (keine Meme-Coins oder riskante Kleinstprojekte!). Er hält nur eine kleine Auswahl, weil er sich nicht täglich mit jedem einzelnen Asset beschäftigen möchte. Der S-Investor will einfach nur ruhig schlafen, sein Leben genießen und trotzdem Schritt für Schritt in Krypto investieren.

Wie investierst du: Alles auf einmal oder Stück für Stück?

Dean ist das genaue Gegenteil von Stefan. Er investiert lieber größere Beträge auf einmal und will später einen Teil davon verkaufen. Wie können jetzt beide mit einem Plan investieren, der zu ihnen passt?

Wenn du in Krypto investieren willst, stellt sich eine wichtige Frage: Investierst du alles auf einmal oder Stück für Stück?

Beides ist grundsätzlich möglich. Du kannst zum Beispiel direkt eine größere Summe in Bitcoin stecken, so wie Dean das am Anfang gemacht hat. Das kann sinnvoll sein, wenn du „schnell im Markt" sein willst. Nur hatte Dean danach kein Geld mehr übrig, um weiterzumachen, als sich neue Kaufgelegenheiten boten.

Ein Einmalverkauf ist dann sinnvoll, wenn du ein klares Ziel hast (zum Beispiel eine bestimmte Summe für ein Haus). Ist dein Ziel erreicht, kannst du das Kapital auf einmal entnehmen und vermeidest das Risiko, dass der Kurs danach wieder fällt.

Eine Methode, die vor allem bei Einsteigern und langfristigen Anlegern beliebt ist und sich auch bei klassischen Anlagen bewährt hat, ist das Investieren (und bei Bedarf auch Verkaufen) in Etappen.

Diese Stück-für-Stück-Methode nennt man DCA. Das steht für *Dollar Cost Averaging*. Auf Deutsch: **Durchschnittskosteneffekt.**

Der Durchschnittskosteneffekt ist ganz einfach: Du investierst regelmäßig kleinere Beträge über einen längeren Zeitraum, zum Beispiel jeden Monat 100 Euro, unabhängig vom aktuellen Kurs. Mal kaufst du teurer, mal günstiger. Am Ende bildet sich ein Durchschnittspreis, den du automatisch mitnimmst.

Der große Vorteil: Du schaltest emotionale Entscheidungen aus. Du musst nicht raten, wann der perfekte Kaufzeitpunkt ist. Du nimmst einfach alles mit, die Tiefs und die Hochs. Der Nachteil: Mit dieser Methode wirst du wahrscheinlich nicht schnell reich. Aber sie ist wohl eine der nachhaltigsten und entspanntesten Wege, in Krypto zu investieren, auch wenn sie nicht besonders aufregend klingt.

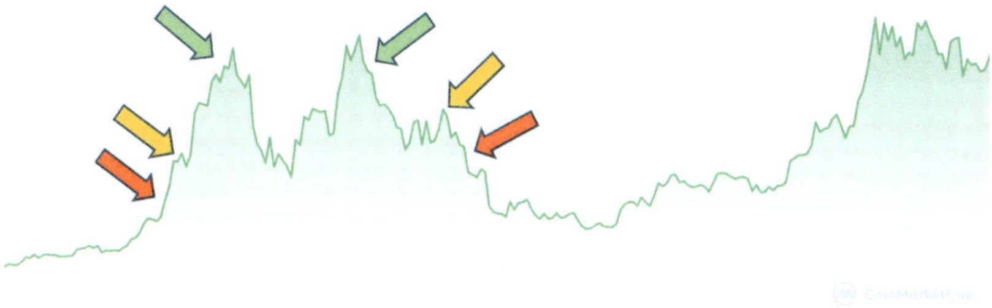

Abbildung 44: Krypto-Käufe bzw. Teilverkäufe mit der DCA-Strategie. Statt alles auf einmal zu investieren oder komplett zu verkaufen, setzt du bei der DCA-Methode regelmäßig kleine Beträge ein oder nimmst Teilgewinne mit. So glättest du Kursschwankungen und reduzierst das Risiko eines unglücklichen Ein- oder Ausstiegszeitpunkts. Daten bereitgestellt von https://coinmarketcap.com/. Modifiziert nach: https://coinmarketcap.com/currencies/bitcoin/

Innerhalb von DCA gibt es verschiedene Varianten:

Die **klassische DCA-Methode** ist am einfachsten: Du investierst regelmäßig einen festen Betrag (z. B. 100 Euro) oder einen festen prozentualen Anteil deines Einkommens (z. B. 10 %). Für diese Methode hat sich Stefan entschieden, wie du gleich noch erfahren wirst.

Die **gestaffelte DCA-Methode** könnte besser zu Dean passen. Sie ist eine fortgeschrittene Variante und erfordert, dass du klare Preiszonen sowie Ein- und Ausstiegsziele definiert hast.

Beim **Staffeln** passt du deine Käufe oder Verkäufe an bestimmte Kursniveaus an. Du investierst mehr und häufiger, wenn wir uns in einer Bärenphase befinden oder wenn es im Bullenmarkt kurzfristige Rücksetzer gibt. Steigen die Kurse wieder deutlich an, fährst du deine Käufe zurück. Auch bei dieser Methode ergibt sich langfristig ein Durchschnittspreis, ohne dass du ständig nach dem perfekten Zeitpunkt suchen musst.

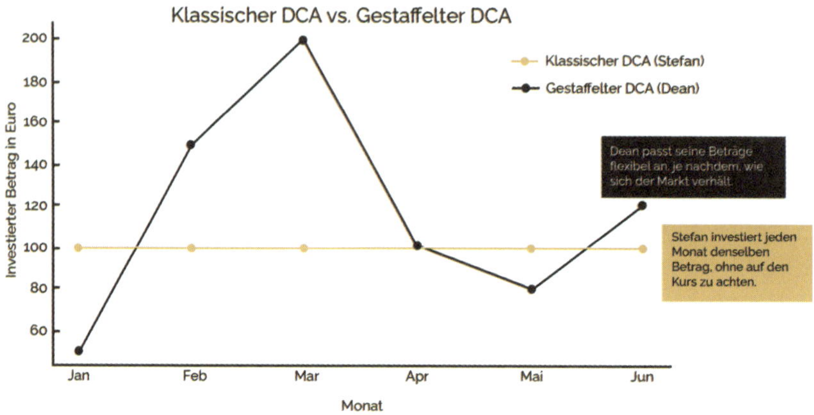

Abbildung 45: Klassischer DCA vs. gestaffelter DCA. Beim klassischen DCA investierst du jeden Monat denselben Betrag. Beim gestaffelten DCA passt du deine Investitionen flexibel an, je nach Marktlage.

Will Dean im Bullenmarkt Teilgewinne mitnehmen, kann er zum Beispiel 20 % seiner Position bei einem bestimmten Kursziel verkaufen und die restlichen 80 % einfach weiterlaufen lassen. So sichert er einen Teil seiner Gewinne ab, bleibt aber langfristig weiter investiert und kann profitieren, falls der Kurs noch steigt. Das wäre ein **einmaliger, gezielter Teilverkauf** und eine der einfachsten Take-Profit-Methoden.

Dean könnte aber auch beim Verkaufen die Stück-für-Stück-Methode nutzen. Beim **klassischen DCA-Exit** verkaufst du regelmäßig einen festen Anteil deiner Position, zum Beispiel jeden Monat 10 %. Das funktioniert gut, solange du nicht zu langsam vorgehst. Wenn du zum Beispiel zehn Verkaufsstufen geplant hast, aber der Markt plötzlich kippt, schaffst du es vielleicht nicht mehr, alle Gewinne rechtzeitig mitzunehmen.

> Fortgeschrittene Anleger kombinieren häufig den DCA mit technischer Analyse und Basis-Indikatoren (z. B. RSI oder gleitender Durchschnitt), um die Preiszonen objektiver festzulegen.

Gestaffeltes Verkaufen kann auch helfen, Steuern zu optimieren, wenn du Gewinne auf verschiedene Jahre verteilst (für Deutschland z. B. relevant bei Haltefrist < 1 Jahr). Hierzu solltest du dich vorab jedoch von einem Steuer- und Rechtsexperten beraten lassen!

Eine Alternative ist das gestaffelte Verkaufen nach Preiszonen (**gestaffelter Exit**). Dabei verkaufst du anteilig, sobald dein Coin bestimmte Kursziele erreicht. Zum Beispiel 10 % bei Preisziel 1, 20 % bei Ziel 2, 30 % bei Ziel 3 und so weiter. Den verbleibenden Anteil - zum Beispiel 40 oder 50 % - lässt du im Markt, falls der Kurs noch weiter steigt.

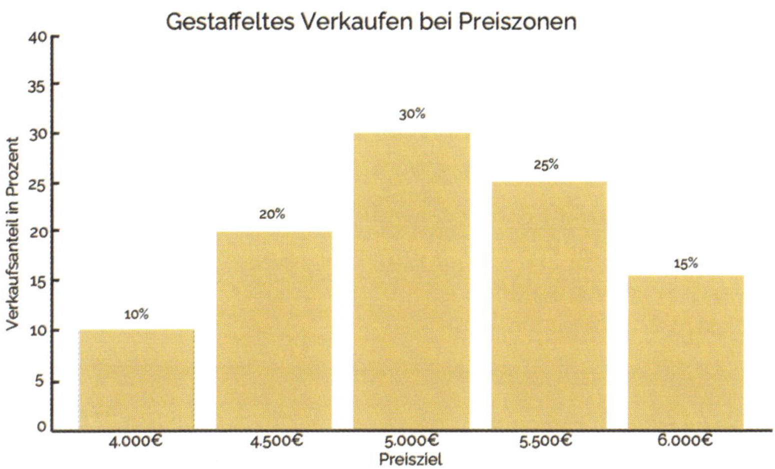

Abbildung 46: Gestaffeltes Verkaufen nach Preiszonen. Beim gestaffelten Verkaufen teilst du deine Position in mehrere Teile auf und verkaufst diese bei unterschiedlichen Kurszielen - so sicherst du schrittweise Gewinne ab. Beachte: Das Rechenbeispiel dient ausschließlich der Veranschaulichung!

PRAXISTIPP:

Wann sind gute Monate für Bitcoin und wann eher nicht?

Es gibt Monate, in denen Bitcoin historisch besonders gut lief, und andere, in denen es schlechter lief.

Oktober und **November** gehören zu den besten Monaten. In der Szene spricht man nicht umsonst vom „Uptober" oder „Moonvember". Auch der April war in vielen Jahren besonders bullish. Das waren in der Vergangenheit gute Momente, um Gewinne mitzunehmen.

Der **September** dagegen gilt oft als schwacher Monat mit Kursverlusten. Auch der August lief häufig durchwachsen. Das waren in der Vergangenheit eher gute Zeitpunkte, um nachzukaufen.

Wichtig: Das sind **keine festen Regeln**, sondern Durchschnittswerte aus der Vergangenheit. Aber sie helfen dir, den Markt besser einzuordnen und entspannter auf Schwankungen zu reagieren.

Du solltest dich beim Kauf **nicht blind auf alte Muster verlassen** und mit deinen ganzen Käufen ausschließlich auf September setzen, nur weil er früher oft schwach war. Der Kryptomarkt verändert sich gerade spürbar! Institutionelle Investoren bringen große Geldmengen in den Markt, die gerade viele der alten Muster durchbrechen.

💡 Zusatz-Tipp:

Verlass dich nicht auf deinen fixen Wunschpreis wie „erst, wenn XRP 100 Dollar knackt" oder „Bitcoin auf 500 000 steigt". Niemand weiß am Ende mit Sicherheit, wann der nächste Höchststand (und Tiefpunkt) kommt und ob er erreicht wird. Vielleicht musst du Jahre warten, wenn dein Ziel im nächsten Zyklus nicht erreicht wird!

Hilfreicher ist es, wenn du dir stattdessen einen **Portfoliowert** oder einen **prozentualen Zuwachs** als Auslöser setzt. Zum Beispiel: Wenn dein Portfolio 20 % im Plus ist oder eine bestimmte Summe erreicht hat, kannst du Teilgewinne realisieren oder ganz aussteigen.

Und nicht vergessen: Achte beim Kaufen und Verkaufen immer auf **Handelsgebühren.** Je kleiner die Beträge sind, desto weniger häufig würde ich persönlich kaufen, weil du sonst jedes Mal Gebühren zahlst.

Der Krypto-Sparplan

Als Stefan und ich uns ein halbes Jahr später wieder bei einer Messe begegneten, kam er mit einem kleinen Schmunzeln auf mich zu.

„Was ist los, Stefan? Spuck's schon aus."

„Ich habe mir einen Sparplan eingerichtet, wirklich nichts Großes. Aber ich dachte, so habe ich für mich eine ganz gute Möglichkeit gefunden, direkt Krypto zu kaufen."

„War gar nicht so schwer, oder, Stefan?"

„Nee. Ist ja wie bei den Aktiendepots. Du meldest dich auf der Börse an, richtest den Sparplan ein und das war's."

Je weniger Zeit du investieren willst, um dein Portfolio aktiv zu managen, desto eher wirst du auf automatisierte Abläufe setzen. Stefan stand vor der Herausforderung, direkt in Krypto zu investieren, ohne zu viel Zeit oder Aufwand dafür zu brauchen. Er hat sich deshalb für die klassische DCA-Methode entschieden und diese über einen Sparplan automatisiert.

Wo geht das?

Heute ist es einfacher denn je, sich einen Krypto-Sparplan für Direkt-Investitionen einzurichten! Viele große Börsen und Anbieter wie **Bitvavo, Coinbase, Bison, Kraken oder Bitpanda** bieten dir einfache Sparplan-Funktionen direkt per App oder Webseite an. Bist du einmal angemeldet, sind Sparpläne oft mit wenigen Klicks eingerichtet.

Mehr Infos findest du auf meiner Webseite *www.misscrypto.de.*

Ein **Krypto-Sparplan** funktioniert ähnlich wie ein ETF- oder Aktien-Sparplan - nur eben für Bitcoin, Ethereum und andere Kryptowährungen. Du legst einmal fest:

- welche Kryptowährung du kaufen möchtest (z. B. Bitcoin oder Ethereum)
- wie viel du regelmäßig investieren willst (z. B. 50 oder 100 Euro)
- wie oft du investieren willst (wöchentlich, zweiwöchentlich oder monatlich)

So investierst du mit DCA, ohne jedes Mal aktiv werden zu müssen, und kannst sogar mehrere Coins gleichzeitig besparen. Der Nachteil ist, dass du einen Teil der Kontrolle an den Anbieter abgibst, weil du

„komfortabel" investieren willst. Außerdem ist die Auswahl an Coins bei vielen Sparplan-Anbietern eher begrenzt und meist auf etablierte, sicherheitsorientierte Kryptowährungen fokussiert.

PRAXISTIPP:

Für wen ist ein Krypto-Sparplan geeignet?

Ein Sparplan kann sich für dich lohnen, wenn du:

- **langfristig Vermögen** aufbauen möchtest
- einen Teil deines Geldes regelmäßig und **automatisiert** investieren willst
- **ohne großes Startkapital** einfach loslegen möchtest
- **flexibel** bleiben willst (du kannst deinen Plan jederzeit pausieren, anpassen oder beenden)

Wenn du langfristig in etablierte Kryptowährungen wie Bitcoin oder Ethereum investieren willst, ist ein direkter Krypto-Sparplan über eine Börse oft günstiger als ein Sparplan über indirekte ETPs. Du zahlst keine laufenden Verwaltungsgebühren oder Depotkosten wie bei klassischen Brokern.

Aber Achtung: Manche Börsen arbeiten besonders bei kleinen Sparraten oder exotischen Coins mit versteckten Preisaufschlägen (Kaufspreads), sodass diese Gebühren am Ende höher ausfallen könnten.

Stefan hat sich für einen Sparplan für Bitcoin und Ethereum entschieden. Er investiert jeden Monat **100 Euro**, also 50 Euro in Bitcoin und 50 Euro in Ethereum. Zusätzlich hat er einmalig **1 000 Euro** in Bitcoin angelegt.

Wenn wir jetzt rein rechnerisch davon ausgehen, dass Bitcoin und Ethereum im Schnitt um **5 % pro Jahr** steigen und Stefan seinen **Plan 5 Jahre lang konsequent** durchzieht, ergibt sich folgendes Bild:

Insgesamt hat Stefan 7 000 Euro investiert (1 000 Euro Einmalanlage + 6 000 Euro über Sparplan). Durch den **Zinseszinseffekt** hätte sein Portfolio am Ende einen Wert von über 8 000 Euro, das heißt: rund 1 000 Euro reiner Wertzuwachs.

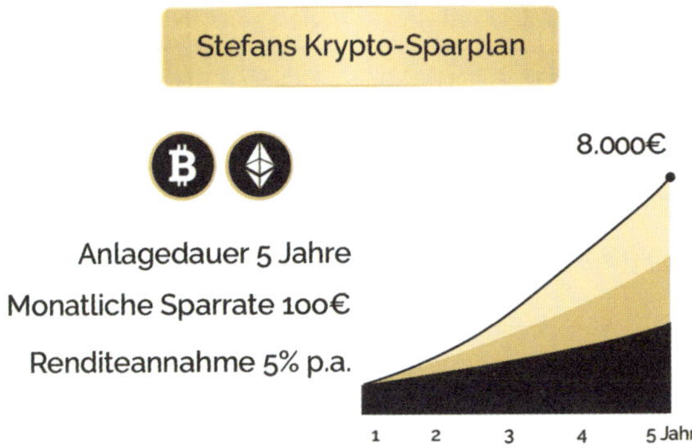

Abbildung 47: Stefans Krypto-Sparplan im Zeitverlauf. Mit einem festen monatlichen Betrag und Zinseszinseffekt kann auch ein kleiner Sparplan über die Jahre deutlich wachsen. Hinweis: Diese Rechnung ist stark vereinfacht und hängt von der tatsächlichen Performance ab!

Jetzt sind wir natürlich in der wilden Welt von Krypto unterwegs, wo die Jahresrenditen - je nach Marktphase - mal richtig durch die Decke gehen oder auch mal schwächer ausfallen können. Wenn wir das Ganze mal etwas optimistischer rechnen und von 20 % Jahresrendite ausgehen, käme Stefan auf über 12 000 Euro mit mehr als 5 000 Euro Wertzuwachs.

Denk an der Stelle bitte dran: Das ist wirklich nur ein Rechenbeispiel zur Veranschaulichung und keine Preisprognose! Die tatsächliche Rendite kann am Ende besser oder schlechter ausfallen! Auch die Gebühren und Steuern sind hier nicht berücksichtigt (s. Hinweise und Disclaimer S. 7 und S. 104). Aber ehrlicherweise motiviert es einen trotzdem, sich auszumalen, was selbst bei kleinen Beträgen nach fünf bis zehn Jahren alles möglich ist, oder? 😉

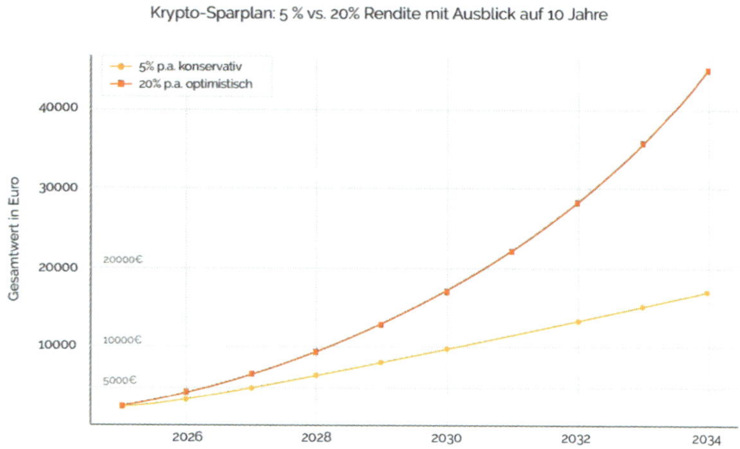

Abbildung 48: Krypto-Sparplan: konservative vs. optimistische Renditeannahme. Schon kleine Unterschiede in der jährlichen Rendite wirken sich langfristig stark auf das Endergebnis aus. Hinweis: Diese Grafik basiert auf vereinfachten Annahmen! Die tatsächliche Rendite kann am Ende höher oder niedriger ausfallen! Das Rechenbeispiel dient ausschließlich der Veranschaulichung! Auch Steuern oder Gebühren (Kosten für den Kauf und Verkauf) sind nicht berücksichtigt.

„Und? Was hältst du jetzt von Krypto?", fragte ich Stefan, nachdem er mir von seinem Plan erzählt hatte.

Stefan zuckte mit den Schultern. „Na ja ... Diese Blockchain verstehe ich immer noch nicht, aber der Sparplan läuft." Dann grinste er. „Und wenn's nichts wird, kann ich immer noch sagen, ich hab's wenigstens mal probiert."

Wie Ina sich für Altcoins begeisterte

Ina, Anfang dreißig, arbeitet bei einer kleinen Online-Agentur, organisiert dort Kampagnen und ist immer auf der Suche nach neuen Ideen. Nichts liebt sie mehr als einen guten Kaffee bei einem guten Podcast. Nach Feierabend rollt sie ihre Yogamatte aus oder steht mit Freundinnen in der Küche.

Als Ina und ich uns das erste Mal unterhielten, war sie schon seit ein paar Jahren in Krypto dabei. Sie habe einfach mal gekauft, weil sie es ausprobieren wollte - und weil die Zukunft nun mal digital ist.

„Es scheint dich zu begeistern, oder?“, fragte ich sie und musste lächeln, weil ich das Feuer in ihren Augen nur allzu gut von mir kannte.

„Ja! Ich habe nur ein Problem. Ich verliere mittlerweile den Überblick. Ich habe inzwischen zwanzig verschiedene Altcoins und ein Teil läuft grad echt top, der andere na ja ... Und mit dem nächsten Geld weiß ich nicht, wo ich reingehen soll. Es gibt da gerade neue Coins, die wohl durchstarten könnten.“

„Wie bist du auf die einzelnen Coins gekommen?“, fragte ich neugierig, denn es waren schon einige unbekanntere Altcoins dabei.

„Na ja, ich bin in verschiedenen Chats unterwegs, und dort meinen manche, dass man die Coins am besten jetzt kaufen sollte, weil sie Potenzial haben.“

Nachdem sie schon einmal auf ein Scam-Projekt hereingefallen war, sei sie jetzt vorsichtiger geworden. Doch sie habe auch mit einem anderen Coins schon gute Gewinne gemacht.

„Was möchtest du denn mit deinen Gewinnen machen, Ina?"

„Mit einem Teil will ich schon weiter handeln, das macht mir einfach Spaß. Aber ich werde ja auch nicht jünger und will irgendwann weniger arbeiten. Ich glaube, ich muss ein bisschen was ändern. Am Ende hocke ich auf lauter Altcoins und habe mein Geld verpulvert. Wie gehst du eigentlich vor, wenn du dir Altcoins anschaust, Steffi?"

Der I-Investor

Der **initiative Investor** ist ein echter Krypto-Fan. Total offen, emotional und begeistert von der Blockchain-Technologie - manchmal sogar ein bisschen zu sehr.

Der I-Investor macht vieles richtig, aber oft alles gleichzeitig. Er lässt sich schnell für neue Projekte begeistern. Wenn ein Coin ein schickes Logo hat oder eine innovative Idee besonders spannend klingt, ist er dabei. Dabei denkt er nicht immer an mögliche Risiken oder Schwächen.

Er handelt mit viel Schwung und Energie, aber weniger konsequent als der D-Investor. Seine Entscheidungen trifft er eher nach Gefühl als nach Plan: „Heute geht's mir gut, heute kaufe ich - doch was bei so viel Auswahl?"

Strategisch ist der I-Investor sehr kreativ. Er hat viele gute Ideen und kombiniert verschiedene Ansätze. Häufig ist er ein Mischtyp mit gemischtem Risikoprofil. Das ist eine Stärke, denn er entwickelt sich weiter und bleibt neugierig.

Mal ein stabiles Projekt wie Ethereum, mal ein unbekannter Coin aus dem tiefen Web3, mal konservativ, mal voller Abenteuerlust. Investieren macht ihm einfach Spaß. Doch dieses Feuer kann dazu führen, dass er vom eigenen Plan abweicht oder gar keinen konkreten Plan verfolgt.

Auch sein **Portfolio** ist bunt: viele Coins, viele Kategorien. Manchmal ist es so vielfältig, dass er den Überblick verliert und dann anfängt, umzuschichten. Typisch für den I-Investor ist, dass er gern mitten im

Bullrun auf Hypes aufspringt und später verkauft als ursprünglich geplant. Weil er meist kleinere Beträge investiert als der D-Investor, ist sein Risiko dabei etwas geringer.

PRAXISTIPP für den I-Investor: Investiere nicht zwischen Tür und Angel!

Wenn du gestresst bist oder zu wenig schläfst, triffst du selten gute Entscheidungen.

Investieren unter Druck macht weder Sinn noch Spaß. Sorge dafür, dass dich keine anderen Dinge belasten, wenn du dich mit Geldthemen beschäftigst. Schlafe ausreichend, schalte dein Handy auf Flugmodus und such dir einen Ort, an dem du nicht abgelenkt wirst. Suche dir im Alltag feste Zeitfenster, die für dich gut funktionieren. Ich mache das entweder morgens, wenn mein Kopf noch frisch ist, oder abends, wenn alles Nötige am Tag geschafft ist, und ich „loslassen“ kann.

Egal wann, nimm dir bewusst Zeit dafür. Nicht zwischen Tür und Angel, nicht gestresst und nicht, wenn du emotional aufgewühlt bist (FOMO-Falle!). Entscheidungen über Geld brauchen einen klaren Kopf!

Was du über Altcoins wissen musst

In meinem ersten Kryptojahr war ich ein typischer I-Investor. Ich war so sehr von Krypto fasziniert, dass es mir zu langweilig war, schlicht nur einen Coin zu halten. Ich hatte wohl einen Schutzengel, denn bisher bin ich auf keine Betrugsmasche reingefallen.

Altcoins halte ich - je nach Anlagestrategie, Anlegertyp und Anlagehorizont - unter bestimmten Bedingungen für investierbar. Für Altcoins brauchst du allerdings deutlich mehr Aufwand, um für dich die passenden Coins zu finden und zu managen!

Für jedes YouTube-Video zu einem Altcoin-Projekt musste ich recherchieren, sodass ich mit der Zeit einige Muster herausfiltern konnte, um Altcoins als Asset besser einzuschätzen. Ich möchte dir meine wichtigsten Erkenntnisse nicht vorenthalten.

Das Wichtigste in Kürze zu Altcoins

Die Wertentwicklung von Altcoins hängt stark von fundamentalen Faktoren und Spekulationsblasen (Narrativen) ab.

Bekannte Altcoins aus den Top 10 wie (derzeit) ETH, XRP oder Solana gelten als weniger riskant. Andere Projekte musst du eher wie kurzfristige Tradingvehikel betrachten. Sie leben von Narrativen wie **Künstliche Intelligenz** oder - Ende 2024 total gehypt - **Made in America**-Coins. Da heißt es: gut aufpassen und rechtzeitig Gewinne mitnehmen.

Bitte: Meme-Coins wirklich nur, wenn du ein Spaß-Portfolio hast und gern auf gut Glück spielst. Mit Memes zu zocken ist etwas anderes als Investieren!

Auf meinem YouTube-Kanal *MissCryptoGer* stelle ich dir immer wieder mal Altcoin-Projekte vor oder gebe Markt-Updates zu bestimmten Themen. Das spart dir hoffentlich ein bisschen Recherche.

Wichtig: Meine Videos sowie alle „Coin"-Beispiele in diesem Buch sind rein zu Informationszwecken gedacht. Sie stellen keine Kaufempfehlung oder Finanzberatung dar. Ich empfehle dir nichts! Wenn du dir überlegst, in Altcoins zu investieren, fang mit einem kleinen Betrag an, den du im Zweifel auch verlieren könntest.

Altcoins sind anders als Bitcoin stärker von fundamentalen Entwicklungen abhängig. Fundamental heißt, dass du dir nicht nur den Chart mit dem aktuellen Preis anschaust, sondern was wirklich hinter dem Projekt steckt. Hierzu kannst du dich an meinen Top-Checkkriterien orientieren:

1. **Warum gibt es dieses Projekt?**
2. **Wer steckt hinter dem Projekt?**
3. **Wie aktiv wird das Projekt angewendet?**
4. **Wie sieht die Technik aus und wie viele Coins gibt es?**
5. **Wie positioniert sich das Projekt im aktuellen Marktumfeld?**

Gehen wir kurz auf die einzelnen Punkte ein und machen dazu ein paar Altcoin-Beispiele.

🧭 Krypto-Risiko-Kompass: Der Reality-Check für Altcoins

Wenn ich Krypto-Projekte bewerte, achte ich gezielt auf Red und Yellow Flags – also Warnsignale, die mir helfen, potenzielle Risiken früh zu erkennen.

- 🔴 **Red Flags sind für mich absolute No-Gos. Tauchen sie auf, ist das Projekt für mich raus. So kann ich die Basis-Gefahr eines möglichen Scam-Projekts deutlich reduzieren.**
- 🟡 **Yellow Flags sind Hinweise, die mich skeptisch machen, aber nicht sofort zum Ausschluss führen. Sie beeinflussen meine Bewertung trotzdem negativ.**

1. Warum gibt es dieses Projekt?

Der erste wichtige Punkt ist für mich die **Utility**:

Hat der Coin überhaupt einen echten Nutzen mit einem Mehrwert für bestimmte Zielgruppen oder ist er nur ein Hype?

Wofür wird die eigene Kryptowährung im Projekt eingesetzt?

Ein gutes Projekt sollte ein konkretes Problem lösen oder sogar einen völlig neuen Markt erschließen. Das kann zum Beispiel ein technisches Problem aus der Blockchainwelt selbst sein. Vielleicht ist das Projekt schneller, sicherer oder leichter nutzbar als andere. Oder es verbessert die Kommunikation zwischen verschiedenen Blockchains, also die Interoperabilität.

Manche Projekte wollen nicht nur innerhalb der Blockchainwelt etwas verbessern, sondern versuchen, bestehende Abläufe aus der klassischen Welt mit Blockchain-Technologie zu modernisieren oder zu ersetzen. Dazu gehören zum Beispiel Lösungen für unser Finanzsystem wie internationale Zahlungen, aber auch die Aufbereitung, Analyse und Speicherung von Daten, Lieferketten, KI-Dienste, Gaming, Immobilien, Gesundheit, digitale Sammlermärkte und vieles mehr!

Abbildung 49: Blockchain - vielseitig einsetzbar. Ob Immobilien, Gesundheit, Sport oder Künstliche Intelligenz - die Blockchain-Technologie kann in den unterschiedlichsten Bereichen Lösungen schaffen.

Beispiel: Warum gibt es Ripple und XRP?

Ripple ist ein profitorientiertes Unternehmen, das den internationalen Zahlungsverkehr und die globale Finanzinfrastruktur modernisieren will. Es entwickelt Softwarelösungen für Banken, Fintechs und Zahlungsdienstleister. Dafür nutzt Ripple unter anderem den XRP Ledger (XRPL) - eine öffentliche Blockchain, die schnelle und kostengünstige Transaktionen ermöglicht.

XRP ist der native Coin des XRPL. Er wird im Netzwerk benötigt, um Transaktionen abzuwickeln, Gebühren zu zahlen und Spam zu verhindern. In manchen Anwendungen von Ripple dient XRP zusätzlich als Brückenwährung für grenzüberschreitende Zahlungen (Utility).

Je klarer und konkreter die Lösung, desto besser. Besonders überzeugend sind Projekte, die bereits ein funktionierendes Produkt oder eine Dienstleistung vorweisen können wie eine App, ein Protokoll oder eine Plattform. Noch besser wird es, wenn sich der Nutzen mit Zahlen, Daten oder anderen Fakten messbar belegen lässt.

Ebenso wichtig ist die Frage, für wen das Ganze gemacht ist. Eine gute Lösung muss zur Zielgruppe passen - sei es für Unternehmen, Entwickler oder normale Anwender. Nur wenn der Nutzen klar erkennbar ist und auf ein echtes Problem trifft, lohnt sich ein genauerer Blick auf das Projekt.

🧭 **Krypto-Risiko-Kompass**

🔴 **Red Flag**

Wenn ich keine klare Mission erkenne oder kein echtes Produkt dahintersteckt, frage ich mich: Warum sollte ich mein Geld in ein Projekt stecken, das anscheinend gar keinen wirklichen Zweck (= **fehlende Utility**) erfüllt?

🟡 **Yellow Flag**

Wenn ich den Mehrwert der Mission **nicht verstehe (schwammig, zu komplex)** oder die Lösung zwar gut klingt, aber **unrealistisch** erscheint; zum Beispiel, weil ein sehr ambitioniertes Ziel schon nächstes Jahr erreicht werden soll. Oder wenn der Zugang zum Produkt zu **hohe Einstiegshürden** hat.

2. Wer steckt hinter dem Projekt?

Bei Bitcoin weiß bis heute niemand, wer Satoshi Nakamoto ist. Dahinter steht kein Unternehmen. Anders ist das bei den meisten Kryptowährungen: Viele werden von zentralen Akteuren wie Start-ups, Stiftungen oder großen Firmen entwickelt oft mit dem Ziel, Geschäftsmodelle auf (dezentraler) Blockchain-Infrastruktur aufzubauen. Daran ist grundsätzlich nichts auszusetzen, solange du weißt, mit wem du es zu tun hast.

Schau dir an, wann das Projekt gestartet wurde. Gab es eine Vorverkaufsrunde wie ein ICO und Finanzierungspritzen großer Investoren wie VCs (= Venture Capitals = Risikokapitalgesellschaften)?

Beispiel: Wer steckt hinter Ripple und wer steckt hinter XRP?

Ripple ist ein Technologieunternehmen, das Anwendungen auf dem XRP Ledger entwickelt. Brad Garlinghouse, der CEO von Ripple, bringt dafür jede Menge Erfahrung mit. Schon als Kind war er fasziniert von Technik, programmierte und tauchte früh ins Internetzeitalter ein. In den Jahren danach sammelte er Wissen in der Tech- und Finanzbranche. Heute nutzt er all das, um Ripple zu führen.

Wichtig: Ripple ist nicht dasselbe wie XRP oder der XRP Ledger. Der XRPL ist eine öffentliche, dezentrale Blockchain, auf der Ripple zwar Anwendungen aufbaut, aber nicht der alleinige Betreiber ist.

Ripple beteiligt sich mit eigenen Validatoren am Netzwerk, bringt sich aktiv in die Community über Onchain-Votings ein und hält selbst XRP-Bestände. Deshalb hat Ripple als zentrale Instanz zwar erheblichen Einfluss - was auch immer wieder kritisiert wird -, aber nicht die vollständige Kontrolle.

Auch wenn Ripple-News oft als treibende Kraft für XRP-Preisbewegungen gelten („Ripple-Effekt"), so ist das XRPL-Ökosystem deutlich vielfältiger. Inzwischen gibt es über 1.500 Anwendungen auf dem XRP Ledger (Stand 2025).

Wichtig sind auch der **Gründer** und das **Kernteam**. Falls der Gründer bekannt ist, wirf einen Blick auf seinen Lebenslauf. Hat er schon Erfahrung mit Blockchain, Software oder Business? Passt seine Geschichte zur Idee des Projekts? Je stimmiger das Bild, desto besser.

Wenn du dir das Team anschaust, achte darauf, ob du dem Team diese Aufgabe zutrauen würdest. Gibt es erfahrene Entwickler, ein engagiertes Core-Team, externe Berater oder vielleicht sogar ein Forschungslabor oder eine Stiftung?

Auch das Auftreten zählt: Wie **transparent** wird vom Team an die Anleger kommuniziert? Kommen regelmäßig Updates? Gibt es öffentliche Auftritte, Interviews oder AMA-Sessions? Je **professioneller**, vertrauenswürdiger und engagierter das Team wirkt, desto höher ist meist auch die Chance, dass das Projekt langfristig gute Arbeit leistet.

🧭 Krypto-Risiko-Kompass - Wer steckt hinter dem Projekt?

🟠 **Red Flag**

Du findest keinerlei Infos über das Team. Keine Namen, keine Gesichter, keine offizielle Website. Kein Impressum, kein Standort, kein LinkedIn-Profil. Alles wirkt anonym und intransparent.

Extra-Achtung bei Fake-Profilen: Manche Team-Mitglieder wirken seriös, sind aber schwer zu verifizieren. Wenn du ein professionell aussehendes Foto findest, aber sonst nirgends Infos zur Person (z. B. LinkedIn, X, Github, kein Auftritt in Interviews), dann sei wachsam. Selbst bei dezentralen Projekten sollte es mindestens eine klare Kontaktmöglichkeit geben: Entwickler, Community-Moderatoren oder ein Support-Team.

🟡 **Yellow Flag**

Das Team ist zwar sichtbar, aber du wirst skeptisch bei Details, z. B.:

- die Gründer kommen aus völlig anderen Branchen und haben keine Erfahrung mit Blockchain
- der Coin wird ständig marktschreierisch beworben, statt am Produkt zu arbeiten
- es gab schon Negativschlagzeilen über alte Start-ups des Teams
- im Unternehmen herrscht Chaos mit teils öffentlich ausgetragenem Streit.

💡 **Praxistipp**

Schau dir an, wie sich der Kurs nach dem ICO (soweit es eines gab) entwickelt hat. Ist der Preis direkt nach dem Start stark gefallen? Das kann ein Warnzeichen sein, denn vielleicht haben frühe Investoren schnell Gewinne mitgenommen und das Interesse am Projekt verloren. In manchen Fällen deutet so ein Verlauf auch auf Marktmanipulation hin.

3. Wie aktiv wird das Projekt angewendet?

Die schönste Vision bringt nichts, wenn sie nicht auch genutzt wird. Deshalb frage ich mich immer: Funktioniert das Projekt wirklich oder bleibt es nur eine nette Idee auf dem Papier? Schau dir also an, ob es regelmäßige Updates gibt, neue Partnerschaften entstehen oder Entwickler aktiv daran arbeiten.

Ein starkes Zeichen ist, wenn es echte, offiziell bestätigte Partnerschaften gibt, die zum Wachstum des Projekts beitragen. Dabei unterscheide ich zwischen verschiedenen Arten von Partnern - zunächst solche, die das Ökosystem stützen:

1. **Finanzielle Partner** wie große Venture-Capital-Firmen (z. B. a16z, Pantera, Animoca) sorgen für ausreichend Kapital und reduzieren die Gefahr, dass ein Projekt in schwierigen Marktphasen scheitert.

2. **Strategische Partner** wie IBM, KPMG oder Accenture bringen zusätzlich Erfahrung, Know-how und Zugang zu einem breiten B2B-Netzwerk mit.

3. **Infrastrukturpartner** wie Amazon Web Services (AWS) oder Google, Knotenbetreiber (Miner, Validatoren) und Wallet-Anbieter (z. B. Metamask oder Ledger) zeigen, dass ein stabiles technisches Fundament vorhanden ist.

4. **Andere Krypto-Projekte als Partner** sind ebenfalls spannend, bauen aufeinander auf und integrieren sich gegenseitig. Chainlink (LINK) liefert z. B. Preisdaten für Netzwerke wie Ethereum oder Solana, oder die dezentrale Börse Uniswap (UNI) ist auf mehreren Netzwerken wie Ethereum oder Base aktiv. Solche „Multi-Ketten-Projekte" (Multi-Chains) fördern damit die Interaktion zwischen verschiedenen Ökosystemen.

5. **Entwicklungs- und Forschungspartner** wie Universitäten (z. B. die Universität Zürich bei der Cardano Stiftung), internationale Branchen-Verbände wie die INATBA oder das World Economic Forum deuten auf ein solides, langfristig orientiertes Projekt hin.

🧭 Krypto-Risiko-Kompass - Wie aktiv wird das Projekt angewendet?

🔴 **Red Flag:** Wenn ich gar keine offiziellen Partner finde und keine Anwendung ersichtlich ist, frage ich mich: Wozu gibt es diesen Coin überhaupt?

🟡 **Yellow Flag:** Wenn die Partnerschaften vage bleiben, keine echten Use Cases sichtbar sind oder unklar ist, ob die Kryptowährung im Produkt überhaupt genutzt wird. Auch „Partnerschaften" ohne erkennbare Wirkung oder reine Testphasen zählen für mich dazu.

Doch noch wichtiger als die reine Anzahl an Partnern ist für mich die Frage: Wie wird die Partnerschaft genutzt? Schau dir also an, wie das Projekt tatsächlich angewendet wird, und zwar nicht nur in einer Testphase, und vor allem von wem. Ist es ein kleiner Mittelständler oder ein Konzern aus der Fortune-500-Liste? Will eine Bank, Regierung oder ein Großunternehmen die Blockchain konkret nutzen und in bestehende Systeme integrieren?

Hier ein paar Beispiele für reale Anwendungen:

- **El Salvador** hat Bitcoin im Jahr **2021** als offizielles Zahlungsmittel eingeführt.
- **Einige Banken** nutzen aktiv die Zahlungslösungen von Ripple für grenzüberschreitende Transaktionen.
- **PayPal** hat seinen Stablecoin PYUSD im Jahr **2023** auf Ethereum und **2024** auf Solana integriert.
- **Shopify** hat **Solana Pay** in seinen App-Store aufgenommen, damit Händler Zahlungen in Stablecoins akzeptieren können.

Wenn es sich um Kryptowährungen als Zahlungsmittel handelt, achte ich besonders auf reale Akzeptanz: Dogecoin wird 2025 von über **2 000 Händlern weltweit** akzeptiert, Litecoin sogar von über **2 800**[21].

Ein weiteres starkes Kriterium: **der Netzwerkeffekt**. Je mehr Nutzer ein Netzwerk hat, desto wertvoller wird es - ähnlich wie bei Social-Media-Plattformen wie Instagram oder WhatsApp. Bitcoin und Ethereum zeigen das besonders deutlich: Die meisten, die in Krypto investieren, haben Bitcoin im Portfolio. Ethereum dominiert 2025 mit über **50 % Marktanteil** sowohl den DeFi-Sektor[22] als auch den Bereich tokenisierter Real World Assets (RWA), Stablecoins ausgenommen[23].

Gute Partner sind wichtig, aber entscheidend ist am Ende: Wer nutzt die Blockchain bzw. das Protokoll oder Produkt mit der verbundenen Kryptowährung tatsächlich und wie regelmäßig?

---

[21] Quelle: https://cryptwerk.com/coins/

[22] Quelle: https://defillama.com/chains

[23] Quelle: https://app.rwa.xyz/

💻 Praxisbox für Fortgeschrittene: TVL für DeFi-Fans

Bei DeFi-Protokollen kannst du z. B. die Anwendung über bestimmte Kennzahlen einschätzen:

- **TVL (Total Value Locked):** Wie viel Kapital ist in den Smart Contracts des Projekts gebunden?
- **24h-Handelsvolumen:** Wie viel wird täglich gehandelt?
- **Aktive Wallets:** Steigt oder fällt die Zahl der Nutzer?

💡 **Tipp:** Eine gute Übersicht findest du auf Plattformen wie *DeFiLama*.

4. Wie sieht die Technik aus und wie viele Coins gibt es?

Hinter jedem Coin steckt ein ganzes System. Wenn du verstehst, wie es aufgebaut ist, welche Rolle der Token darin spielt und wie es wirtschaftlich funktioniert, kannst du besser einschätzen, ob ein Investment sinnvoll ist. Zwei Punkte sind hier besonders wichtig: Erstens, welchen Nutzen der Token und die Technologie dahinter hat, und zweitens, wie er sich ökonomisch verhält (= **Tokenomics**).

Zum ersten Punkt: Ein Token sollte einen klaren Mehrwert haben. Je mehr praktische Funktionen, desto besser. Hier hilft dir dein Wissen:

Handelt es sich bei der Kryptowährung um einen Currency Token, Utility Token oder Meme-Coin?

Ether (ETH) hat zum Beispiel mehrere Funktionen: ETH ist der Treibstoff, der das Ethereum-Netzwerk am Laufen hält. Nutzer brauchen ihn, um Transaktionen durchzuführen, Smart Contracts auszuführen und dezentrale Anwendungen zu nutzen. In einem Proof-of-Stake-Netzwerk wie Ethereum spielt ETH außerdem eine wichtige Rolle bei der Absicherung des Netzwerks (zum Staking später mehr). Dann frage dich:

*Haben wir es hier mit einem **Coin** oder einem **Token** zu tun?*

Wenn ein Projekt eine eigene Blockchain betreibt, ist klar: Die zugehörige Kryptowährung wird gebraucht, um das Netzwerk zu betreiben:

Ohne **ETH** läuft Ethereum nicht, ohne **SOL** kein Solana, ohne **XRP** kein XRPL (= Coin). Die meisten Krypto-Projekte haben dagegen keine eigene Blockchain (= Token), weshalb du hier erst recht auf den Nutzen achten musst. Wichtig ist: Für jede Idee eine eigene Blockchain zu bauen ist oft gar nicht sinnvoll. Viele sinnvolle Projekte wie Chainlink laufen ganz bewusst auf mehreren etablierten Chains.

Praxisbox - So nutzt du die Market Cap!

Die Marktkapitalisierung (englisch: *Market Cap*) beschreibt den gesamten Wert aller Coins bzw. Tokens in Euro oder Dollar. Man unterscheidet in Krypto grob:

Large Caps (> 10 Mrd. $) wie Bitcoin oder Ethereum gelten als relativ sicher, haben eine hohe Liquidität und Vertrauen, dafür weniger Wachstumspotenzial.

Mid Caps (1-10 Mrd. $) haben mehr Wachstumspotenzial als Large Caps, gleichzeitig mehr Risiko.

Small Caps (< 1 Mrd. $) sind hochspekulativ und volatil, d. h. viel Potenzial bei hohem Verlustrisiko! Bitte investiere in Small Caps nur das Geld, das du auch verlieren kannst! Hier liegen ungeschliffene Rohdiamanten direkt neben Scams.

#	Name	Price	Market Cap
1	Bitcoin BTC	$108,882.20	$2,165,631,624,558
2	Ethereum ETH	$2,636.00	$318,208,805,473

Abbildung 50: Modifiziert nach und Daten bereitgestellt von https://coinmarketcap.com/

💡 **PRAXISTIPP:**

Die Market Cap gibt dir einen Hinweis darauf, wie beliebt, etabliert oder spekulativ ein Coin ist. Doch nur auf die Market Cap zu schauen reicht nicht aus.

Denn sie schwankt stark und zeigt dir nur, wie beliebt eine Kryptowährung **momentan** ist! Wenn du das hier liest, hat sich der Wert des Assets schon wieder verändert.

Ein Coin mag als „sicherer" gelten, je höher seine Marktkapitalisierung ist, doch entscheidend ist auch, wie lange er schon oben mitspielt. **Je länger** ein Projekt z. B. unter den Top 10 verweilt, desto **wahrscheinlicher** ist es, dass Anleger langfristig daran glauben.

📺 👉 Hier das passende Video auf YouTube:

Crypto Basics | Die wichtigsten Begriffe bei Kryptowährungen Einfach Erklärt

Zum zweiten Punkt: Zu den sogenannten **Tokenomics** gehört alles, was mit den wirtschaftlichen Spielregeln hinter einem Token zusammenhängt, z. B.:

*Wie viele Coins sind insgesamt vorgesehen (**Maximalmenge**) und wie viele davon sind schon im Umlauf (**Umlaufmenge**)?*

*Ist er eher **inflationär**, also mit ständig neuen Coins, oder überwiegen **deflationäre** Elemente, z. B. eine Maximalmenge oder ein regelmäßiges Vernichten von Coins?*

Beispiel 🔎

Bitcoin ist auf maximal 21 Millionen Coins begrenzt. Die regelmäßige Neuschürfung durch Miner wirkt zwar inflationär, doch durch die feste Obergrenze bleibt Bitcoin insgesamt **deflationär** geprägt.

Ethereum (ETH) hingegen hat keine feste maximale Gesamtmenge und gilt deshalb als potenziell **inflationär**. Allerdings verfolgt Ethereum ein dynamisches Angebotsmodell, das sich an die Netzwerkauslastung anpasst. Bei jeder Transaktion wird ein Teil der Gebühren in ETH verbrannt (Burning), während gleichzeitig neue ETH an die Validatoren über das Staking-System ausgeschüttet werden. Überwiegt das Verbrennen, ist ETH deflationär, andernfalls inflationär.

💡 Deflationäre Coins scheinen auf den ersten Blick für Investoren das lukrativste Tokenmodell zu sein. Doch auch Tokenomics ohne Maximalsupply können eine positive Dynamik entwickeln, zum Beispiel dann, wenn Staking oder Burning die Umlaufmenge reduziert, während gleichzeitig die Nachfrage im Netzwerk steigt.

💡 **Auch bei Altcoins gilt:** Schau dir den Chartverlauf vom Start bis heute genau an und wie sich das Projekt über die Zeit entwickelt hat. Gab es ungewöhnliche Ausschläge, die nicht nur mit Bären- oder Bullenmärkten zu tun hatten? Ist die Wertentwicklung eher rückläufig oder steigt sie? Wo liegt das Allzeithoch, wo das Allzeittief?

Wichtig ist auch die **Verteilung (Allocation)**: Wie viele Coins besitzt das Team, wie viel ging an Investoren, wie viel ist für die Community reserviert? Hier lohnt sich ein Blick auf die offizielle Webseite oder ins Whitepaper. Positiv ist, wenn sogenannte Vesting-Regeln gelten. Denn das bedeutet, dass frühere Investoren ihre Coins nicht sofort verkaufen und den Preis „dumpen" können, sondern die Coins über einen längeren Zeitraum hinweg schrittweise ausgezahlt bekommen.

🧭 Krypto-Risiko-Kompass – Wie sieht die Technik aus und wie viele Coins gibt es?

🔴 **Red Flags:** Eine Red Flag ist für mich, wenn ich **überhaupt keine Informationen zum Token und dessen Verteilung** finde (z. B. keine Whitepaper-Daten, keine Vesting-Pläne, keine Transparenz). Vorsicht, wenn eine einzelne Partei **über 80 %** der Coins kontrolliert! Erhöhte Betrugsgefahr!

🟡 **Yellow Flags:** Eine Yellow Flag ist für mich, wenn der Token **keine erkennbare Funktion** hat. Vor allem bei **Meme-Coins ohne eigene Blockchain** sehe ich das oft. Sie wurden meist erstellt, um mit Spaß auf Krypto aufmerksam zu machen.

Auch Tokens mit sehr **eingeschränkter Verwendung**, zum Beispiel nur für eine App mit wenigen Nutzern, sehe ich kritisch. Wenn eine App allerdings Millionen Nutzer hat und der Token aktiv gebraucht wird, kann der eingeschränkte Nutzen durch hohe Anwendung kompensiert werden.

Eine **hohe Inflationsrate** ist ebenfalls eine Yellow Flag. Wenn ständig neue Tokens auf den Markt geworfen werden, verwässert das den Wert und es drohen starke Preisschwankungen. Wenn eine Partei **mehr als 50 %** der Tokens hält oder **nur wenige frühe Investoren** sich mit riesigen Mengen eingedeckt haben, ist das ein Warnzeichen.

Ebenfalls gelb blinkt es bei mir, wenn es in der Vergangenheit zu größeren Netzwerkausfällen oder **Hacks** kam. Das heißt nicht automatisch „Finger weg", aber ich schaue genauer hin: Was wurde daraus gelernt? Gab es technische Updates und ist das Vertrauen zurück?

Dann schau dir die Blockchain selbst an und in welchen Schichten das Netzwerk aufgebaut ist. Schlaumeier sprechen hier von verschiedenen Ebenen, sogenannten **Layern**.

Layer 1 ist die Haupt-Blockchain, z. B. Bitcoin, Ethereum oder Solana. Sie bildet das Herzstück eines Krypto-Ökosystems. Hier läuft der Konsensmechanismus, also das Verfahren, mit dem sich die Knotenbetreiber auf gültige Transaktionen einigen. Je nach Blockchain funktioniert das über **Proof of Work (PoW)** mit Minern wie bei Bitcoin oder über **Proof of Stake (PoS)** mit Validatoren wie bei Ethereum oder Solana.

Layer 2 ist eine zusätzliche Schicht, die auf Layer 1 aufsetzt. Sie soll das Grundnetzwerk entlasten, also Transaktionen schneller und günstiger machen. Polygon (POL), Arbitrum (ARB) oder Base sind z. B. Layer-2-Netzwerke für Ethereum, Lightning für Bitcoin.

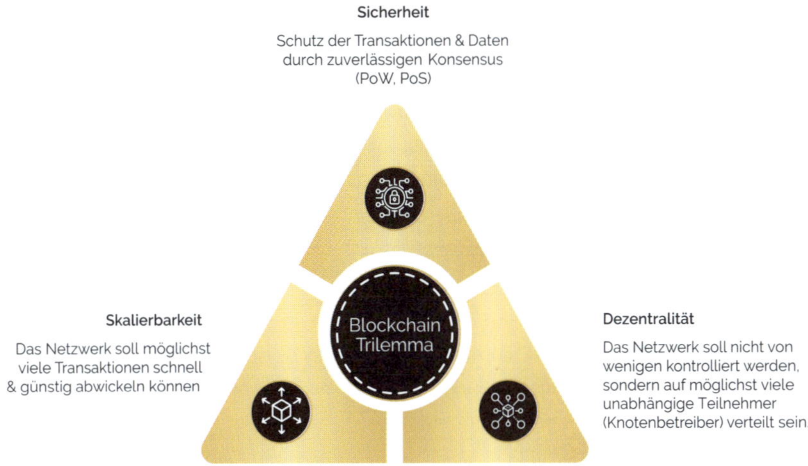

Abbildung 51: Das Blockchain-Trilemma. Eine Blockchain kann nicht gleichzeitig maximale Sicherheit, Dezentralität und Skalierbarkeit erreichen. Oft muss einer der drei Bereiche zugunsten der anderen zurückstehen.

Viele Blockchains scheitern am sogenannten **Blockchain-Trilemma**: Sie schaffen es nicht, gleichzeitig sicher, dezentral und skalierbar zu sein. Layer 2 soll hier vor allem bei der Skalierbarkeit helfen. Ob eine Blockchain langfristig bestehen bleibt, hängt stark von ihrer technischen Basis ab und davon, wie gut sie ihren Härtetest besteht, wenn viel Nachfrage herrscht. Solana zum Beispiel setzt auf hohe Geschwindigkeit, hatte aber immer wieder Probleme mit Netzwerkausfällen. Ethereum dagegen ist stabiler und dezentraler als Solana, aber langsamer und teurer und lagert deshalb vieles auf Layer-2-Lösungen aus.

Das Wichtigste zusammengefasst: Dinge, auf die du achten kannst, wenn du in ein Krypto-Ökosystem investierst

Schau dir nicht nur den Token an, sondern das ganze Ökosystem dahinter. Ein Blockchain-Netzwerk funktioniert wie ein Land: Je stärker das Wirtschaftswachstum, desto größer der Mehrwert für seine Nutzer.

Achte auf zwei Dinge: **Infrastruktur** und **Menschen.** Gibt es eine aktive Roadmap, Entwickler, starke Partner oder Geld von Investoren? Hat das Projekt ein Ökosystem aus verschiedenen Anwendungen, zum Beispiel DeFi-Protokolle, Wallets oder Services, die sich gegenseitig ergänzen? Vergleich es mit einem Einkaufszentrum: Je mehr Läden, desto besser für alle.

Schau dir außerdem die **Nutzerstruktur** an. Sind es langfristige Investoren oder eher kurzfristige Spekulanten?

Auch wichtig: **In welcher Schicht spielt das Projekt?** Layer-1-Blockchains sind das Fundament, Layer-2-Projekte verbessern die Skalierbarkeit, und Layer 3 als Anwendungsebene macht die Blockchain überhaupt erst greifbar für uns. Je näher ein Projekt am Fundament ist, desto wertvoller kann es langfristig sein.

Wichtig: Nicht jedes Projekt lässt sich klar einordnen; die Grenzen zwischen den Layern verschwimmen! Neue Layer können jederzeit dazukommen. Was zählt, ist die Strategie: Hat das Projekt das Potenzial, mit der Zeit zu wachsen, seine Nutzer mitzunehmen und echten Nutzen zu schaffen? Wenn du dieses Muster erkennst, kannst du für dich prüfen: Passt dieses Projekt zu meiner eigenen Strategie?

📺 👉 Hier das passende Video auf YouTube:

5. Wo steht das Projekt und wie kann es wachsen?

Schau dir zum Schluss an, wie sich das Projekt am Markt und im Vergleich zu seinen Wettbewerbern positioniert. Die Lösung richtet sich immer an eine bestimmte Zielgruppe, z. B. an Privatpersonen (Retail), Unternehmen (B2B) oder Entwickler.

Entscheidend ist, wie genau diese **Zielgruppe** aussieht. Manche Projekte fokussieren sich auf eine einzelne Branche wie den Finanzsektor. Andere bieten Lösungen, die branchenübergreifend einsetzbar sind, z. B. im Lieferkettenmanagement, bei der Datenverarbeitung oder für KI-Integrationen.

Auch die **Größe und Stabilität des Zielmarktes** spielen eine wichtige Rolle. Je breiter und nachhaltiger ein Markt ist, desto besser. Märkte wie Finanzen oder Gesundheit bestehen schon lange und werden auch in Zukunft gebraucht. Web3 hingegen ist jung und anfälliger für kurzfristige Hypes. Auch die politischen, regulatorischen oder wirtschaftlichen Rahmenbedingungen des Zielmarktes spielen eine Rolle sowie die Frage, ob es ein nationaler, regionaler oder globaler Markt ist.

Beim **Wettbewerb** lohnt sich ein Blick darauf, ob ähnliche Krypto-Projekte bereits existieren und wie gut oder schlecht sie funktionieren. Manche Projekte stehen in direkter Konkurrenz, andere ergänzen bestehende Systeme. Layer-2-Projekte wie Arbitrum oder Base stärken zum Beispiel Ethereum, statt mit ihm zu konkurrieren.

Ein zentraler Wachstumsfaktor ist die **Community**: Eine starke, loyale und engagierte Nutzerschaft ist Gold wert! In aktiven Communitys wird auf YouTube, X, Telegram, Discord oder Reddit regelmäßig gepostet und diskutiert.

Auch das **Marketing** beeinflusst das Wachstum. Gute Projekte starten gezielte Kampagnen, etwa bei Produkt-Releases, Upgrades oder Events. Besonders beliebt sind sogenannte **Airdrops**: Dabei erhalten bestimmte Nutzer kostenlos Tokens, wenn sie das Projekt z. B. aktiv nutzen oder auf Social Media bewerben. Solche Kampagnen können viel Aufmerksamkeit bringen und Nutzer binden. Sie ziehen aber auch viele „Free Rider“ an, die nur wegen der kostenlosen Coins einsteigen und nach dem Listing direkt wieder verkaufen. Deshalb ist es wichtig, dass Airdrops sinnvoll geplant und auf nachhaltiges Wachstum ausgelegt sind.

Ein weiterer Wachstumsbooster ist das **Listing auf großen Handelsplätzen** - also Tier-1-Börsen wie Binance, Coinbase oder Kraken.

Diese Börsen stehen nicht nur für Reichweite und Liquidität, sondern auch für einen gewissen Reifegrad des Projekts.

Ein Token auf einer Tier-1-Börse ist für viele Investoren ein Vertrauenssignal. Erst durch diese Listung wird es möglich, größere Handelsvolumina sicher und effizient abzuwickeln. Viele kleinere Altcoins haben dagegen nur wenig Liquidität, was die Nachfrage senkt und starke Kursschwankungen begünstigt. Gleichzeitig bedeutet ein breites Listing aber auch, dass die explosive Wachstumsphase bereits hinter dem Projekt liegen könnte. Zusätzlich spielt der **Zugang zum Token** eine Rolle. Je mehr Wallet-Anbieter das Projekt unterstützen, desto einfacher ist die Nutzung.

🔎 Beispiel: Krypto-Angebote im Wandel

Aktionäre können heute über börsennotierte Unternehmen wie Strategy (Bitcoin) oder SharpLink (Ethereum) indirekt an der Kursentwicklung von BTC bzw. ETH teilhaben.

Immer mehr Anbieter arbeiten außerdem an **Dividendenmodellen** für Kryptowährungen. So hat BlackRock 2025 für seinen iShares Ethereum Trust eine Staking-Funktion beantragt. Damit könnten Anleger künftig nicht nur vom Kurs, sondern auch von laufenden Staking-Erträgen profitieren.[24]

In **Deutschland** sind Krypto-ETFs derzeit (Stand 2025) noch nicht zugelassen. Viele **Neobroker** bieten daher nur indirekte Finanzprodukte wie ETPs oder Zertifikate auf Bitcoin oder Ethereum an.

Aber es bewegt sich etwas: Immer mehr **traditionelle (Haus-)Banken** prüfen direkte Krypto-Angebote: Volks- und Raiffeisenbanken testen erste Modelle für Privatkunden.[25] Auch die Sparkassen planen, ihren Kunden Zugang zu Bitcoin und Co zu ermöglichen. Die Deutsche Bank will wohl ab 2026 ihr Krypto-Verwahrangebot für institutionelle Kunden deutlich ausbauen.

---

[24] Quelle: https://www.coindesk.com/de/markets/2025/07/17/blackrock-seeks-staking-option-for-ishares-ethereum-trust-in-new-filing

[25] Quelle: https://www.faz.net/aktuell/finanzen/finanzmarkt/bitcoin-ether-co-das-krypto-angebot-der-vr-banken-110506070.html

Ein zentraler Wachstumsfaktor ist das **Angebot über den TradFi-Sektor** wie Banken, Broker oder institutionelle Produkte. Je mehr **große Anbieter** wie Banken, ETF-Emittenten oder börsennotierte Unternehmen Kryptowährungen in ihre Angebote integrieren, desto größer wird der Zugang und desto stabiler wird die Nachfrage für die angebotenen Assets.

🧭 Krypto-Risiko-Kompass – Wo steht das Projekt und wie kann es wachsen?

🔴 **Red Flags**

Wenn der Coin auf keiner bekannten Börse gelistet ist oder ich die Coins ausschließlich auf der Projektplattform selbst aufbewahren kann und sie nicht auf eine eigene Wallet übertragen kann. Das wirkt im besten Fall unreif, im schlimmsten Fall verdächtig. Stichwort: Not your keys, not your coins!

🟡 **Yellow Flags**

Der **Zielmarkt** wirkt zu klein oder wird stark von besseren **Wettbewerbern** dominiert. Auch wenn sich die Community nur für kurze Zeit engagiert oder der Hype nur über Airdrops erzeugt wird (und nicht über echte Nutzung), werde ich vorsichtig.

Ein weiteres Warnsignal ist, wenn das **Interesse** der Teilnehmer über einen längeren Zeitraum kippt: sinkende Aktivität, weniger Diskussionen auf Social Media, eine veraltete Webseite, keine klaren Hinweise auf kommende Updates, Partnerschaften, Produkte oder Nutzerzuwachs.

Beim Thema **Börsenlisting** achte ich darauf, ob der Token bereits auf bekannten Plattformen handelbar ist. Ist er nur auf kleinen, dezentralen Börsen und auf keiner zentralen Plattform zu finden, bin ich zurückhaltender. Das kann ein Hinweis auf ein unausgereiftes oder Scam-Projekt sein!

Zurück zu Ina:

Nach unserem Gespräch über Altcoins fing sie an, sich in die einzelnen Projekte einzuarbeiten. Sie wollte verstehen, wozu ein Coin überhaupt da ist und welchen Zweck er erfüllt.

„Ich hab' übrigens ausgedünnt, Steffi“, sagte sie nur wenige Wochen später. „Bei einigen Projekten habe ich ein paar Red Flags entdeckt ...

Ich überlege nur, wie ich mein Altcoin-Portfolio künftig besser aufbauen kann."

Sie verstand jetzt besser, worauf es bei der Auswahl von Altcoin-Projekten ankommt.

Doch ganz zufrieden war sie noch nicht: „Tolles Projekt hin oder her - ich verstehe einfach nicht, warum manche Coins nicht vom Fleck kommen, während andere plötzlich explodieren. Und wie ich jetzt strategisch in Altcoins investieren soll, weiß ich auch noch nicht."

„Hast du schon mal davon gehört, wie das Geld im Kryptomarkt rotiert?", fragte ich sie.

Über die Altcoin Season & Narrative

Auch Altcoins folgen innerhalb der von Bitcoin getriebenen Bullen- und Bärenmärkte bestimmten Mustern. Diese Zeiträume, in denen Altcoins super laufen, nennt man in der Krypto-Szene *Altcoin Seasons* (Altcoin-Saison).

📍 **MERKE:** Altcoin Season = **Breite Rallye im Altcoinsektor** (Preise ↑, Handelsvolumen ↑) + **FOMO ↑**

Wir als „normale" Anleger (also die breite Öffentlichkeit = Public) kommen mit unserem Geld meist erst ins Spiel, wenn das Smart Money und die Großinvestoren schon längst im Markt sind. Und zwar dann, wenn die Preise im Bullrun sichtbar steigen.

🤓 **Smart Money ist das Geld der Leute, die früher dran sind als der Rest. Oft sind das Profis, institutionelle Investoren oder erfahrene Krypto-Veteranen. Sie verstehen die Märkte besser, haben mehr Infos, bessere Tools oder einfach einen Vorsprung durch Erfahrung.**

So funktioniert das klassische Muster: Der Bullrun startet - und wie fast immer beginnt alles mit Bitcoin. Warum? Weil Bitcoin einfach die bekannteste Kryptowährung ist. Die Medien berichten, alle reden drüber, und wer neu ist, denkt:

„Bitcoin steigt, bei den Altcoins läuft's schlecht. Da nehm' ich doch lieber Bitcoin!"

Also fließt das frische Anlegerkapital der Masse in BTC. Auch ich ringe in diesen Phasen immer wieder mit dem Gedanken, meine „schlechter laufenden Altcoins" in Bitcoin zu tauschen. Währenddessen ist das Smart Money längst positioniert und sitzt entspannt in BTC. Es wartet nur noch auf den Moment, in dem die Stimmung kippt. Und dieser kommt erfahrungsgemäß ziemlich zuverlässig. Bitcoin wird den meisten irgendwann zu teuer. Der Drops ist gelutscht.

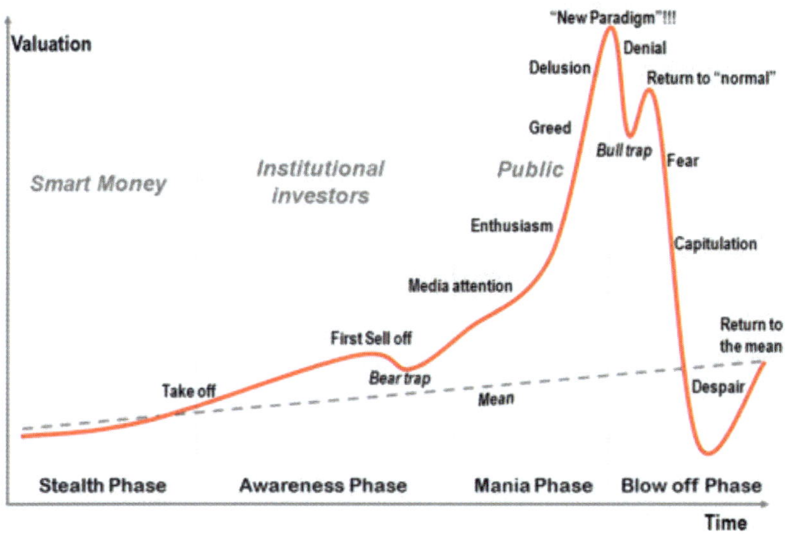

Abbildung 52: Phasen einer Spekulationsblase. Von der stillen Anfangsphase bis zum Hype und dem anschließenden Crash. Quelle: Jean-Paul Rodrigue - Stages of a Bubble (2008), verwendet mit Genehmigung via Wikimedia Commons https://commons.wikimedia.org/wiki/File:Stages_of_a_bubble.png

Genau hier passiert die Rotation. Während die breite Masse gerade erst bei BTC einsteigt oder auf große Altcoins aufmerksam wird, zieht das Smart Money längst weiter. Es nimmt Gewinne aus BTC mit und schiebt sie in Altcoins. Wir werden neugierig:

„Was gibt's da noch so? Aha, Altcoins! Ethereum steigt gerade stärker als Bitcoin. Okay, ich geh' in Ethereum!"

Das Kapital fließt zeitversetzt erst in große Large Caps wie Ethereum, XRP oder Solana. Dann in mittlere und irgendwann in kleine, spekulative Coins.

„Okay, ich will auch noch was von den Meme-Coins mitnehmen, die explodieren gerade!"

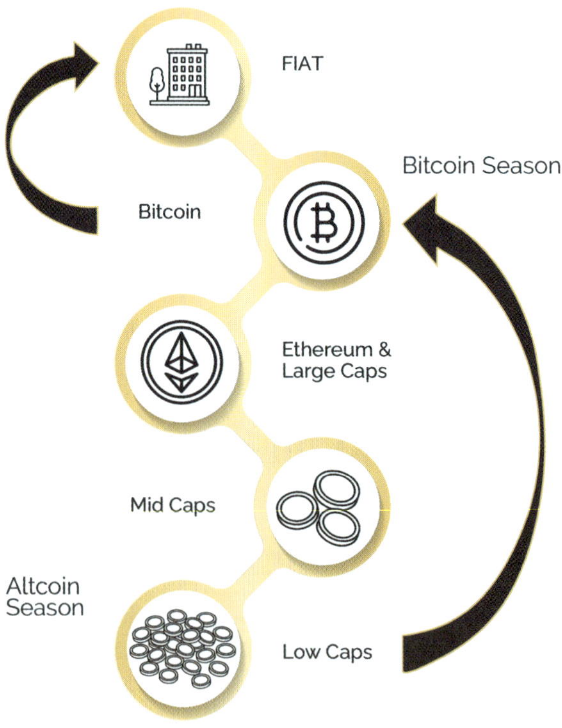

Abbildung 53: Kapitalrotation zwischen Bitcoin und Altcoins. Geld fließt oft in Wellen durch den Kryptomarkt, von Fiat in Bitcoin, dann in größere Altcoins und schließlich in kleinere Projekte, bevor es wieder zurückwandert.

Das ist der Punkt, an dem das Kapital die sogenannte Risikoleiter erklimmt. Es beginnt mit den „sicheren" Projekten, steigt dann eine Stufe höher und ganz oben angekommen, wird's wild. Diese Rotation verläuft meist zeitversetzt, weil es einfach dauert, bis das Kapital von Bitcoin durch den Markt sickert und eine Altcoin Season auslöst.

Kommt das Geld dann einmal dort an, steigen kleinere Coins wegen ihrer geringeren Market Cap oft deutlich stärker, was unsere FOMO natürlich noch mal beflügelt.

Wenn die FOMO ihren Höhepunkt erreicht und viele noch euphorisch einsteigen, beginnt das Smart Money, sich Schritt für Schritt zurückzuziehen. Es verkauft seine Altcoins und parkt das Geld zunächst vorübergehend in Bitcoin und Stablecoins. Von dort geht es weiter in Fiat, um Gewinne zu sichern.

Irgendwann fängt auch die Masse an, zu verkaufen. Erst langsam, dann immer schneller, bis die Altcoins schließlich einbrechen. Dann ist die Altcoin Season zu Ende und Bitcoin dominiert wieder die Marktphase.

💻 Praxisbox - So erkennst du die Altcoin Season mit dem Altcoin Season Index

Der Altcoin Season Index von CoinMarketCap misst, wie viele der **Top-100-Altcoins** in den letzten **90 Tagen** besser performt haben als Bitcoin. Sobald 75 % oder mehr dieser Coins stärker als BTC performen, spricht man von einer Altcoin-Season. Liegt der **Wert unter 25**, befinden wir uns in einer **Bitcoin-Season**. Dazwischen liegen Übergangsphasen, in der sich der Markt oft neu sortiert.

In unserem Beispiel steht der Index im Juli 2025 bei **57 Punkten**, wir befinden uns also in einer dieser Übergangsphasen. Um eine Richtung zu erkennen, hilft dir der Index Chart. Dort zeigt der Trend nach oben Richtung Altcoins. Vor allem große Projekte wie Ethereum, Solana oder XRP zeigen erste stärkere Bewegungen. Sollte dieser Trend anhalten, könnte die Schwelle zur „echten" Altcoin Season überschritten werden. Hier könnten sich gute Chancen ergeben, zu verkaufen. Dreht der Markt jedoch wieder in Richtung Bitcoin, fällt der Index zurück und mit ihm die Hoffnung auf eine echte Altcoin-Rotation. Wenn du den Index regelmäßig beobachtest, bekommst du ein gutes Gefühl dafür, wie das Geld in Krypto gerade rotiert.

Bitte denk dran: Der Index ist nur ein Werkzeug von vielen und keine Glaskugel. Du solltest immer mehrere Faktoren zusammen anschauen, bevor du entscheidest, ob du etwas kaufen oder verkaufen willst!

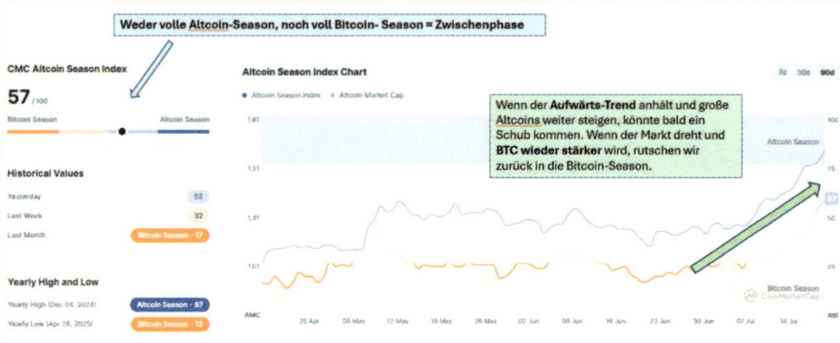

Abbildung 54: Daten bereitgestellt von https://coinmarketcap.com/ und modifiziert nach: https://coinmarketcap.com/charts/altcoin-season-index/

Natürlich ist das Ganze mit der Rotation nicht ganz so einfach. Oft gibt es bei einer Rallye keine „echte klassische" Altcoin Season, bei der am Ende alle Coins gleich stark explodieren. Das wäre fast zu schön, um wahr zu sein, oder?

Häufig verlaufen solche Phasen nur in Form von milden oder kurzen Seasons, z. B. in Frühphasen eines Bullruns oder in Übergangsphasen, wenn das Geld gar nicht so weit kommt. Oder es kommt zu, wie ich es nennen würde, Mixed Altcoin Seasons, bei denen nur ein Teil des Kapitals in bestimmte Altcoins rotiert, während der Rest des Marktes außen vor bleibt. Denn hier kommt ein typisches Krypto-Phänomen ins Spiel: die Narrative.

Neben fundamentalen Faktoren werden Altcoin-Preise oft stark durch Spekulation angetrieben und zwar entlang von Geschichten (= Narrative), die wir uns gern erzählen und glauben wollen. Die Rotation verläuft deshalb nicht nur entlang der Marktkapitalisierung - also von groß nach klein -, sondern auch entlang dieser Trends. Narrative lenken unsere Aufmerksamkeit und dorthin fließt dann auch verstärkt das Geld. Hier ein paar Beispiele aus den letzten Jahren:

2020 war das Narrativ: **DeFi wird das neue Finanzsystem.** Es war der „DeFi Summer". Erstmals verdienten Nutzer Zinsen ohne Bank. Yield Farming, Liquidity Mining und dezentrale Börsen gingen viral. Projekte wie Uniswap (UNI), Aave (AAVE) oder Compound (COMP) explodierten.

2021 ging es weiter mit **NFTs und dem Metaverse**. Viele dachten, dass wir bald alle mit 3D-Brillen im Metaverse shoppen gehen. Facebook wurde zu Meta, NFTs erreichten den Mainstream und virtuelle Welten explodierten. NFT-Sammlungen wie die CryptoPunks (die im Grunde nichts anderes sind als 10 000 einzigartige, verpixelte Charaktere!) oder Web3-Games wie Axie Infinity (AXS) wurden zu Mega-Hypes.

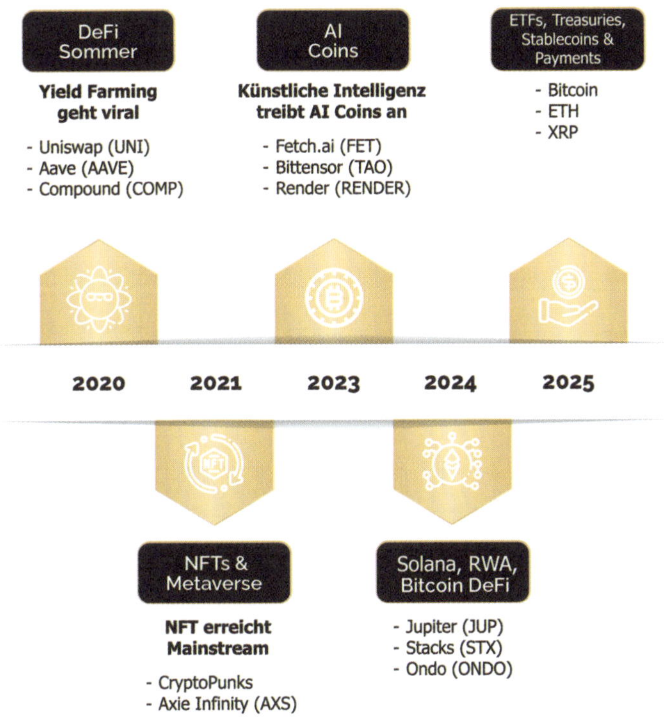

Abbildung 55: Krypto-Narrative im Zeitverlauf. Jedes Jahr prägen neue Trends den Markt - von DeFi über NFTs bis hin zu AI-Coins. Diese Narrative lenken oft, wohin Kapital und Aufmerksamkeit fließen.

2023 war plötzlich klar: **KI + Blockchain ist die Zukunft.** Der KI-Hype rund um ChatGPT, das Ende 2022 veröffentlicht wurde, übertrug sich direkt auf den Kryptomarkt. KI-Coins wie Fetch.ai (FET), Bittensor (TAO) oder Render (RNDR) hatten ihren Moment. Und neue Trend-Blockchains wie Aptos oder Sui, stark gepusht von VCs (Risikokapitalgesellschaften), stiegen blitzschnell in die Top-Ränge auf.

2024 stand ganz im Zeichen von **Tokenisierung, RWA und Solana-Projekten**. BlackRock startete seine eigene Tokenisierungsplattform mit realen Vermögenswerten (RWA). Dezentrale Infrastruktur-Netzwerke wie Helium (HNT) profitierten - vor allem, weil sie auf Solana liefen. Solana selbst erlebte ein riesiges Comeback: durch Meme-Projekte wie Dogwifhat, neue DeFi-Tools wie Jupiter (JUP) und massive On-Chain-Aktivität. Nach dem FTX-Kollaps im Jahr 2022 gewann Solana so das Vertrauen der Community zurück.

Parallel dazu wurde auch **Bitcoin** wieder kreativ: Durch neue Konzepte wie **Ordinals und Runes** konnten Meme-Coins und NFTs plötzlich direkt auf Bitcoin abgebildet werden. ORDI, PIZA oder DOG explodierten rund um Halving. Und es entstand in der zweiten Jahreshälfte ein ganz neues Narrativ: **Bitcoin bekommt ein eigenes DeFi-Ökosystem.** Durch neue Protokolle, Sidechains und Layer-2-Lösungen wurde Bitcoin plötzlich viel flexibler einsetzbar, obwohl seine Blockchain eigentlich keine Smart Contracts, z. B. Ethereum, unterstützt. Projekte wie Babylon, Stacks (STX) oder Solv Protocol machten es möglich, dass man Bitcoin einsetzen konnte, um damit Zinsen zu verdienen oder sie als Sicherheit zu hinterlegen, ohne sie verkaufen zu müssen.

Das erste Halbjahr 2025 stand ganz im Zeichen von **Regulierung, Stablecoins und Zahlungsinfrastruktur, getrieben vor allem durch die USA**. Unter Donald Trump rückte Krypto in die politische Mitte. Bitcoin, XRP und Ethereum liefen gut. Auch Netzwerke wie Solana, Tron, BNB Chain oder Base - überall dort, wo viele Stablecoins zirkulierten - zeigten Stärke.

Wenn du in Altcoins investiert bist, wird es vor allem wegen dieser Geschichten, die der Markt erzählt, nie langweilig. Deshalb ist es so wichtig, bei Trend-Projekten aufmerksam zu bleiben. Häufig steigen sie kurzfristig stärker als die „langweiligen", etablierten Coins, aber sie können genauso schnell wieder einbrechen, wenn ihre Spekulationsblase platzt. Weil die Narrative selbst rotieren, kommen auch nicht alle Altcoins gleichzeitig. Manche Narrative tauchen auch nur einmal auf und verschwinden, andere kehren zurück und erleben eine Art Renaissance.

Und weil du A) nicht weißt, wie stark ein Narrativ wird, und B), welches sich im nächsten Bullrun durchsetzt, bleibt das Investieren in Altcoins immer auch eine Wette, nämlich auf den richtigen Trend zur richtigen Zeit!

Investieren nach Baskets & die Core-Satellite-Strategie

Jetzt, wo du die Kapitalrotation verstanden hast, kannst du schneller reagieren, wenn bestimmte Altcoins im Wert steigen. Gerade mit einem gemischten Altcoin-Portfolio ist das ein echter Vorteil. Behalte dein Portfolio gut im Blick und sei je nach Plan bereit, rechtzeitig aus einem Trendprojekt auszusteigen und Gewinne mitzunehmen, wenn der Coin im Plus steht.

Das Wissen über Kapitalrotation und Markttrends kannst du auch nutzen, um dein Portfolio gezielter zu streuen. Ina hatte das Problem, dass sie viele Coins genau auf dem Höhepunkt ihrer jeweiligen Hype-Story gekauft hatte. Ihr Portfolio war nicht strategisch aufgebaut, sondern eher zufällig zusammengewürfelt.

Eine Möglichkeit, das besser zu machen, ist das Investieren nach bestimmten Themen über sogenannte Themenkörbe, auch Baskets genannt. Dabei investierst du in mehrere Coins, die zu einem Narrativ passen. Du könntest dir zum Beispiel einen DeFi-Basket zulegen, einen KI-Basket, einen Ethereum-Ökosystem-Basket oder einen Basket mit Gaming Coins. So streust du dein Risiko besser, anstatt nur auf einen Coin zu setzen. Noch breiter stellst du dich auf, wenn du nicht nur auf ein Narrativ wettest, sondern gezielt Projekte anhand ihres Nutzens auswählst und aus unterschiedlichen Bereichen kombinierst. Eine weitere Dimension im Portfolio ist die Streuung nach Größe. Dabei kombinierst du große, etablierte Coins mit kleineren, riskanteren Projekten.

> **Finde heraus, wofür du wirklich brennst. Ob Finanzen, Daten oder Gaming: Wenn du in das investierst, was dich auch persönlich interessiert und du wirklich verstehen willst, bleibst du langfristig eher dran.**
>
> **Wichtig ist: Du sollst dich mit deinem Mix wohlfühlen. Risiko zu streuen heißt nicht, einfach alles an Coins und jedes Narrativ mitzunehmen, sondern gezielt zu kombinieren.**

Eine Möglichkeit, wie Ina ihre spielerische Ader und ihr Interesse an spannenden Narrativen mit einem stabilen Fundament verbinden kann, ist die sogenannte **Core-Satellite-Strategie.**

Dabei besteht dein Krypto-Portfolio aus zwei Teilen: einem größeren, stabilen HODL-Portfolio und einem kleineren, flexibleren Teil, dem sogenannten Satellite-Portfolio.

Der Satellite-Teil ist der aktive Bereich deines Portfolios. Hier kannst du gezielt in Coins nach bestimmten Narrativen, Themenkörben oder Branchen investieren. Auch kleinere, spekulativere Coins mit mehr Risiko gehören dazu.

Dein HODL-Portfolio ist dagegen das stabile Rückgrat. Hier liegen Core-Assets wie Bitcoin und gegebenenfalls ein paar ausgewählte große Altcoins - also Projekte, die sich bewährt haben und mit hoher Wahrscheinlichkeit auch in Zukunft weiter genutzt werden. Diese Coins hältst du langfristig, unabhängig vom aktuellen Marktgeschehen.

Der Gedanke dahinter: Wenn du im Satellite-Portfolio Gewinne erzielst (z. B. in einer Altcoin Season oder in bullischen Marktphasen), kannst du regelmäßig einen Teil davon in dein HODL-Portfolio übertragen. Du nimmst also Kapital aus den riskanteren Bereichen mit und baust damit Stück für Stück deinen sicheren Kern auf. Im schlimmsten

Fall verlierst du Geld im Satellite-Bereich - dein langfristiges Vermögen bleibt aber unangetastet. Und dieses kannst du jederzeit in Fiat umwandeln, um dir deine Lebenswünsche zu erfüllen.

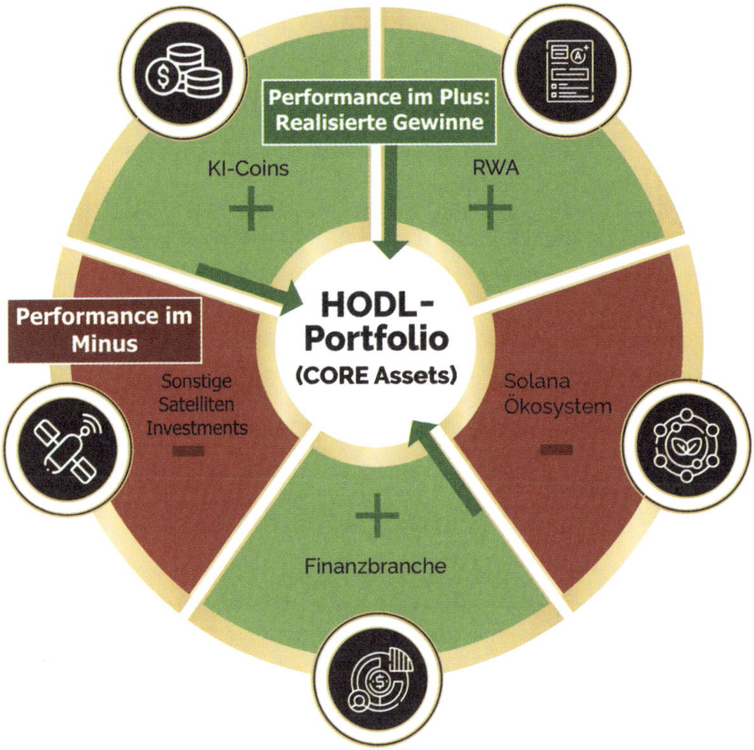

Abbildung 56: Core-Satellite-Strategie. Der Kern („Core") besteht aus langfristigen, stabilen Anlagen. Satelliten-Investments sind kleinere, aktivere Positionen, deren Gewinne ins Kernportfolio umgeschichtet werden. Disclaimer: Es handelt sich nur um ein exemplarisches Beispiel von Satelliten zur Veranschaulichung!

Ina spekuliert mit rund 20 % ihres Krypto-Kapitals auf unterschiedliche Projekte, die sie regelmäßig auf Warnsignale überprüft und nach Narrativen austauscht. Die restlichen 80 % fließen nach dem Buy-and-Hold-Ansatz in ihre Kernassets. Zusätzlich hat sie auch einen Teil in Edelmetalle, breit gestreute ETFs und Indizes wie den MSCI World angelegt.

Schließlich erzählte mir Ina einige Zeit nach unserem ersten Gespräch, dass sie sich in den nächsten Jahren eine Yogaausbildung gönnen möchte, um sich ein zweites Standbein für die Zukunft aufzubauen:

„Dann könnte ich abends nach der Arbeit ein paar entspannte Kurse geben und mir nach und nach ein Leben mit weniger Stress und Arbeitszeit ermöglichen."

Ich freute mich sehr für Ina. Auch wenn ihr Plan noch im Entstehen war, wusste sie jetzt klarer denn je, was sie wollte. Zum ersten Mal passte Krypto in ihren Finanzplan und zu ihrem Lebensziel.

Wie Gabi auf Cashflow zielt

Gabi ist Wissenschaftlerin in der pharmazeutischen Forschung. In ihrem Alltag arbeitet sie mit Daten und Langzeitbeobachtungen und genauso geht sie auch an das Thema Geldanlage heran.

Bevor sie ihre ersten Aktien kaufte, hatte sie sich ein ganzes Jahr lang eingelesen. Ihr Depot hatte sie für ihren *ultimativen Gabi-Masterplan* von Anfang an sauber strukturiert. Am Ende entschied sie sich für solide Dividendenwerte aus der Gesundheitsbranche, also genau aus dem Bereich, in dem sie sich selbst am besten auskennt. Statt auf viele Einzelwerte setzte sie auf wenige ausgewählte Titel.

„Ich vertraue lieber auf Unternehmen mit stabilen Geschäftsmodellen, die ich nachvollziehen kann", sagte sie mir, als wir uns bei einem Vortrag zur Digitalisierung im Gesundheitswesen begegneten. Ihr Plan sei es, ein zusätzliches Standbein fürs Alter aufbauen. Ziel sei ein monatlicher Cashflow von rund 1 000 Euro, um später ihre Fixkosten zu decken. Um auf diesen Betrag zu kommen, wolle sie etwa 250 000 Euro in Aktien mit durchschnittlich 5 % Dividendenrendite anlegen. Schon heute erziele sie rund 150 Euro im Monat. Das sei zwar noch kein echtes Zusatzeinkommen, aber ein Anfang.

Der G-Investor

Der **gewissenhafte Investor** will es möglichst genau machen. Er denkt analytisch, plant vorausschauend und trifft seine Entscheidungen nicht aus dem Bauch heraus, sondern wie ein Wissenschaftler auf Basis von Fakten. Bevor er investiert, prüft er jeden Punkt genau. Er liest sich tief ein, vergleicht Daten, experimentiert mit Tools und spricht vielleicht sogar mit anderen, um sich abzusichern (**Struktur, Wissenstiefe, Disziplin**).

Seine **Strategie**: Er will in einem bestimmten Bereich Experte werden. Statt überall reinzuspringen, sucht er sich ein Ökosystem oder einen Themenschwerpunkt aus (z. B. nur DeFi-Strategien, nur Coins auf Solana, nur Staking, nur eigene Nodes) und wird darin richtig gut. Weil der G-Investor keine unnötigen Fehler machen will, bereitet er sich auf mögliche Risiken vor. Er setzt klare Kauf- und Verkaufszonen oder nutzt sogar Algorithmen, um seine Strategie automatisiert umzusetzen.

Sein **Portfolio** ist fokussiert: Er hält nur wenige Coins, die er vorher genau analysiert hat. Es ist eine bewusste Auswahl, gut durchdacht und nicht zu groß. Auch der ein oder andere unbekannte Coin kann dabei sein - aber nur, wenn er ihn sorgfältig geprüft hat.

FOMO? Fehlanzeige. Der G-Investor ist von allen Typen am wenigsten anfällig für Hypes. Seine Suche nach Perfektion (**Überanalyse, leichtes Zögern**) kann ihn manchmal beim Investieren ausbremsen und trotzdem handelt er am Ende lieber als gar nicht. Im Vergleich ist der G-Investor weniger sprunghaft als D- oder I-Investoren, aber nicht ganz so langfristig orientiert wie der S-Typ.

Was ist dran am Staking - Zinsen auf Kryptowährungen

„Bist du nicht in Krypto, Steffi?“, fragte mich Gabi.

„ Ja, genau.“

„Was ist eigentlich dein finanzielles Ziel?“

Ich lächelte. „Beruflich will ich so vielen Menschen wie möglich den Einstieg in Krypto erleichtern. Und privat will ich finanziell unabhängig sein. Ich will morgens aufstehen, weil ich will, und nicht, weil ich muss.“

Gabi nickte. „Und aus Investorensicht?"

„Mein Ziel ist es, langfristig von meinen Assets leben zu können, ohne ständig verkaufen zu müssen. Ich möchte mir ein Vermögen aufbauen, das mir über verschiedene Methoden regelmäßige Einnahmen bringt."

Da wurde Gabi hellhörig: „Und wie geht das mit Krypto? Gibt es da auch so etwas wie Dividenden?"

„Nicht direkt, aber es gibt eine Art passives Einkommen ... Die bekannteste Form ist Staking."

🤓 Nerdbox: Was heißt eigentlich Cashflow?

Cashflow bedeutet: Geld fließt regelmäßig zurück auf dein Konto, ohne dass du dafür ständig aktiv etwas tun musst. Man nennt das auch passives Einkommen. Du arbeitest nicht mehr direkt für Geld, sondern dein Geld arbeitet für dich.

Wenn du zum Beispiel Aktien besitzt, die eine Dividende zahlen, bekommst du regelmäßig einen Teil vom Gewinn ausgezahlt.

Der Weg zum Wohlstand über passives Einkommen heißt aber nicht, „schnell reich" zu werden, ohne etwas dafür zu tun. Es ist ein Weg über langsamen Vermögensaufbau, während du weiter aktiv Geld verdienst. Später kann dir genau das mehr finanzielle Freiheit ermöglichen.

In der Krypto-Welt kannst du dir passives Einkommen zum Beispiel über Staking (das „Einsetzen" von Coins zur Absicherung des Netzwerks) aufbauen. Dabei hinterlegst du deine Coins im Netzwerk - man nennt das auch „staken" oder „wegsperren" - und wirst dafür regelmäßig in Form von Coins oder Tokens, auch Staking Rewards genannt, belohnt. Das funktioniert ähnlich wie ein Sparkonto, bei dem du Zinsen auf dein angelegtes Geld erhältst.

Ganz so wie beim Sparkonto ist es aber nicht. Deine hinterlegten Coins liegen nicht einfach nur herum, sondern werden sinnvoll genutzt, um ein Projekt zu unterstützen. Je nach Coin, Risiko und Plattform kann die Belohnung unterschiedlich hoch ausfallen. Sie variiert je nachdem, welche Staking-Methode du wählst, wie lange du deine Coins anlegst und wie viele es sind.

Es gibt zwei Hauptarten von Staking:

1. Klassisches Staking (Netzwerk-Staking):

Hier stellst du deine Coins einem Blockchain-Netzwerk zur Verfügung und unterstützt damit den reibungslosen Ablauf des Netzwerks. Deine Coins helfen den Knotenbetreibern (Validatoren) direkt dabei, Transaktionen zu verarbeiten und die Sicherheit im Netzwerk zu erhöhen.

Du delegierst deine Coins an einen Validator oder betreibst selbst einen Knoten. Nicht jeder Coin lässt sich staken. Du kannst nur die Projekte staken, bei denen sich die Knotenbetreiber über einen Proof-of-Stake-Mechanismus (PoS) auf neue Blöcke einigen. Bekannte Staking-Projekte sind z. B. Ethereum, Solana, Cardano, Polkadot, Avalanche oder Hedera.

Im Gegenzug bekommst du regelmäßig Belohnungen in Form von Coins. Die liegen meist zwischen etwa 3 und 10 % im Jahr - je nach Coin, Netzwerk und gewählter Staking-Methode.

2. DeFi-Staking (Protokoll-Staking):

Diese Form unterstützt dezentrale Finanzprotokolle oder Projekte aus dem Web3-Bereich. Hier stellst du deine Coins nicht direkt einem Netzwerk zur Verfügung, sondern hinterlegst sie in Smart Contracts oder Staking-Pools (spezielle Liquiditäts-Töpfe) innerhalb eines Protokolls.

Im DeFi-Bereich stakst du deine Coins zum Beispiel auf einer Kreditplattform (Lending) oder einer dezentralen Börse. Du stellst diesen Plattformen Liquidität bereit, unterstützt den Betrieb der Anwendung oder nimmst an der Governance teil. Als Belohnung bekommst du Gebührenanteile oder Bonus-Tokens.

DeFi-Staking kann höhere Renditen bringen als klassisches Staking - oft zwischen 5 und 20 % -, bringt aber auch mehr Risiko mit sich! Das betrifft vor allem die Technik dahinter, dazu gleich mehr.

PRAXISTIPP:

Custodial Staking: Eine Börse übernimmt die Technik für dich

Falls du dich gerade fragst, wie das mit dem Staking überhaupt geht, kommt hier die gute Nachricht: Viele regulierte Anbieter wie Bitvavo, Bitpanda oder Coinbase bieten dir einfache Programme an, mit denen du direkt in der App Staking-Rewards verdienen kannst.

Beim sogenannten **Custodial Staking** übernimmt die Börse bzw. ein Drittanbieter den kompletten technischen Ablauf für dich. Du musst dich nicht mit Validatoren, Wallets oder Netzwerkeinstellungen herumschlagen. Das macht diese Variante besonders **einsteigerfreundlich.** Der Haken ist, dass die Börse für ihren Service einen Teil der Belohnungen einbehält. Deshalb fällt die **Rendite meist etwas niedriger** aus als beim eigenständigen Staking.

Beachte: Deine Coins liegen währenddessen bei der Börse, nicht auf deiner eigenen Wallet. Wie wir aus Fällen wie FTX gelernt haben, sollte man nicht alle Bestände dauerhaft auf zentralen Plattformen parken. Achte daher auf Anbieter mit hohen Sicherheitsstandards und transparenter Regulierung.

Auch wenn große Anbieter ihre Partner fürs Staking sorgfältig auswählen, kann es trotzdem zu Verlusten kommen, denn am Ende hat die Börse keinen direkten Einfluss auf die Blockchain oder das Protokoll selbst.

Und wie funktioniert das jetzt konkret mit dem Staking?

Du meldest dich über die Webseite oder App deiner Börse an und **aktivierst die Staking-Funktion** - entweder bei Coins, die du schon besitzt, oder du kaufst gezielt neue dazu. Achte darauf, dass deine App aktuell ist. Schau dir vor dem Start kurz die Bedingungen an: Gibt es eine Sperrfrist und wie oft bekommst du deine Belohnungen - wöchentlich, monatlich oder flexibel?

Viele Plattformen bieten dir **flexibles Staking** an. Du bleibst jederzeit handlungsfähig, bekommst regelmäßige Auszahlungen, dafür aber etwas weniger Rendite. Ideal, wenn du Staking erst einmal ohne Stress ausprobieren möchtest und trotzdem deine Coins für dich arbeiten lassen willst. Etwas mehr Rendite gibt es beim sogenannten **Fixed Staking.** Dabei legst du deine Coins für einen festen Zeitraum an (z. B. 30 oder 90 Tage). Während dieser Zeit kannst du nicht auf sie zugreifen. Dafür fallen die Belohnungen meist etwas höher aus.

Mehr Infos findest du auch auf meiner Webseite www.misscrypto.de

Hier die zwei wichtigsten Risiken, die du beim Staking kennen solltest:

1. Kursrisiko und Sperrfristen

Bei vielen Projekten gibt es sogenannte Sperrfristen – also Zeiträume, in denen deine Coins „eingesperrt" sind und du sie weder verkaufen noch übertragen kannst.

Kryptowährungen schwanken jedoch stark im Kurs.

Nehmen wir an, du stakst 1 000 Euro für 12 Monate in Ethereum, dann legst du deine Coins für ein Jahr fest an. Wenn der Kurs kurz danach um 30 % einbricht, ist dein Investment trotz der Staking Rewards plötzlich nur noch 700 Euro wert.

Du kommst in dieser Zeit aber nicht an deine Coins, falls du darauf reagieren möchtest. Gerade bei kleineren Coins mit größeren Kursschwankungen solltest du deshalb möglichst **flexibel staken** oder gleich bei klassischem *Buy and Hold* bleiben. Sperrfristen von fünf oder zehn Jahren halte ich persönlich für viel zu lang, egal wie spannend das Projekt klingt.

2. Spezielle Staking-Risiken: Slashing und *Smart Contract*-Risiken

Beim klassischen Netzwerk-Staking stellst du deine Coins einem sogenannten Validator zur Verfügung. Der Validator sichert das Netzwerk und verarbeitet Transaktionen. Arbeitet er fehlerhaft oder absichtlich falsch, kann er bestraft werden – das nennt man *Slashing*. Dabei verliert er einen Teil oder sogar seinen ganzen Einsatz. Wenn du direkt oder über eine Börse an diesen Validator delegiert hast, kann das auch dich treffen.

Wähle beim eigenständigen Staking daher nur vertrauenswürdige Validatoren. Achte zum Beispiel darauf, wie viele Nutzer diesem Knoten bereits vertrauen und wie viel Kapital der Betreiber selbst hinterlegt hat. Auch Erfahrungsberichte können hilfreich sein.

Beim DeFi-Staking hinterlegst du deine Coins in Smart Contracts eines Protokolls. Diese verwalten dein Kapital automatisch. Dabei besteht das Risiko, dass der Smart Contract **fehlerhaft** ist oder gehackt wird. Wird der Code ausgenutzt, können deine hinterlegten Coins dauerhaft verloren gehen.

Wenn du deine Coins über spezielle Staking-Varianten in einem Liquiditätspool anlegst, kommen weitere Risiken hinzu. Solche Pools bestehen oft aus zwei Handelspaaren, zum Beispiel ETH und USDC.

Verändern sich die Kurse stark, wird die Verteilung deiner Anteile im Pool automatisch angepasst. Wenn du später aussteigst, kann es passieren, dass du mehr von dem Token erhältst, der schlechter performt hat, und weniger von dem, der gestiegen ist. Trotz der erhaltenen Belohnungen bekommst du am Ende unter Umständen weniger zurück, als du ursprünglich eingezahlt hast. Das nennt man **„Impermanent Loss“** - also einen vorübergehenden, aber real werdenden Verlust beim Ausstieg.

PRAXISTIPP:

Vorsicht bei DeFi-Staking und extrem hohen Renditen

DeFi-Staking sowie spezielle Varianten (u. a. Liquid Staking, Re-Staking) locken oft mit sehr hohen Renditen, teils über 60 %. Das klingt verführerisch, bedeutet aber auch deutlich mehr Risiko! Nichts gibt's umsonst!

Gerade als Einsteiger kann man sich leicht von solchen Zahlen blenden lassen und investiert dann in Projekte, die man eigentlich kaum versteht. In meiner Community haben schon viele Nutzer ihre Coins verloren, weil sie auf Scam-Projekte hereingefallen sind oder Smart Contracts und die Verschiebungen in den Pools unterschätzt haben.

Sei deshalb besonders wachsam, wenn dir außergewöhnlich hohe Gewinne versprochen werden. Solche Projekte sind oft nicht nachhaltig und im schlimmsten Fall eine Betrugsmasche!

Wenn du dich trotzdem an DeFi-Staking herantasten möchtest, starte mit kleinen Beträgen, informiere dich gründlich über das Protokoll, lies Erfahrungsberichte und achte auf externe Sicherheitsprüfungen (sogenannte Audits), um die Risiken einzuschätzen.

Vielleicht noch eine Sache zum Thema Steuern - etwas lästig und trocken, aber wichtig. Die Regelungen fürs Staking sind von Land zu Land verschieden.

In Deutschland kann Staking, wenn wir beim klassischen Staking bleiben, sogar doppelt besteuert werden. Einmal, wenn du die Belohnung bekommst. Und ein zweites Mal, wenn du sie später verkaufst.[26] Spielen wir doch den Fall einfach durch. Sagen wir, du stakst Ethereum.

Du erhältst als Belohnung 0,1 ETH am 1. November 2025. An diesem Tag liegt Ethereum bei fiktiven 4 000 Euro. Dann musst du diesen Gegenwert von 400 Euro versteuern - ganz egal, ob du verkaufst oder nicht.

💡 **0,1 ETH (dein Reward) × 4 000 € = 400 € = steuerpflichtiger Ertrag**

Nehmen wir an, du verkaufst genau diese 0,1 ETH ein Jahr später, am 31. Oktober 2026, und der Kurs liegt dann bei 8 000 Euro. Dann sind deine 0,1 ETH plötzlich 800 Euro wert. Auf die Differenz von 400 Euro müsstest du noch mal Steuern zahlen.

Hättest du nur zwei Tage länger gewartet, also bis zum 2. November 2026, wären die 400 Euro Kursgewinn steuerfrei gewesen, weil dann die einjährige Haltefrist greifen würde.

Wäre 1 ETH zu diesem Zeitpunkt aber nur 2 000 Euro wert, wären deine 0,1 ETH nur noch 200 Euro wert. Trotzdem bleibt die Steuer auf die 400 Euro vom Erhalt bestehen! Den Kursverlust kannst du also nicht rückwirkend geltend machen.

---

[26] Stand 2025, alle Angaben ohne Gewähr, keine steuerliche Beratung!

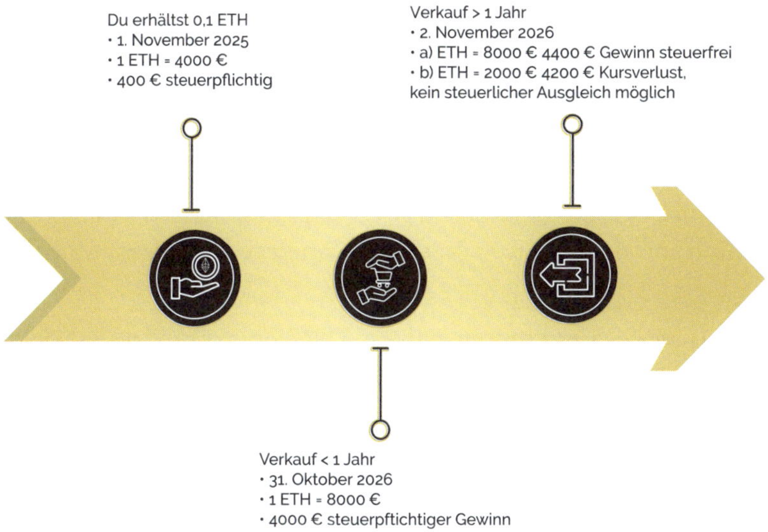

Abbildung 57: Staking und Steuern: Haltefristen im Blick. Gewinne aus Staking-Coins sind in Deutschland oft steuerpflichtig. Hinweis: Alle Angaben ohne Gewähr, beachte zukünftige Gesetzesänderungen (Stand Juli 2025), in anderen Ländern gelten andere steuerliche Bedingungen.

Und jetzt stell dir vor, du bekommst wöchentlich Rewards! Dann müsstest du jeden einzelnen Betrag mit Datum und Kurs sauber dokumentieren. Das kann ganz schön aufwendig werden, selbst wenn du dir eine Excel-Tabelle bastelst.

Denn das Problem ist, dass die meisten Kryptobörsen - anders als deutsche Banken bei Dividenden oder Zinsen - in der Regel (noch) keine automatischen Steuern beim Staking abziehen. Du bist also selbst dafür verantwortlich, deine Staking-Einnahmen korrekt zu erfassen und in deiner Steuererklärung anzugeben. Glücklicherweise stellen dir aber die großen Plattformen wie Bitvavo oder Bitpanda **Transaktionshistorien** zur Verfügung, die du herunterladen und als Grundlage für deine Dokumentation nutzen kannst.

PRAXISTIPP:

Lass dich bei solchen Fällen unbedingt von einem Steuerexperten beraten! Nutze bei vielen Staking Rewards bestimmte Krypto-Tracking-Tools wie CoinTracking oder Blockpit. Diese Programme zeichnen deine Staking-Transaktionen automatisch auf und helfen dir bei der Berechnung aller relevanten Beträge für deine Steuern. Achte außerdem darauf, dass sich die Gesetzgebung (Haltefristen und Co) jederzeit ändern kann.

Falls du jetzt denkst: „Staking, das lohnt sich doch bei all dem Aufwand gar nicht", möchte ich dich aufmuntern. Ich bin überzeugt, dass Staking über Börsen und Co in Zukunft immer benutzerfreundlicher wird und Staking über Protokolle mit zunehmender Reife immer sicherer.

Auch klassische Finanzdienstleister werden in Zukunft als Vermittler auftreten und ihren Kunden den Zugang zu DeFi-Angeboten und verschiedenen Staking-Modellen erleichtern. Kryptowährungen werden uns in den nächsten Jahren immer zuverlässigere Cashflow-Strategien ermöglichen. Wir stehen hier erst am Anfang!

Und das Geniale am Staking ist ja: Du entscheidest selbst, welche Methode zu dir passt. Ob du lieber komfortabel über eine Börse stakst oder eigenständig in einem DeFi-Protokoll - es gibt für jeden Typ das Passende.

📺 👉 Hier das passende Video auf YouTube:

„Und“, fragte ich Gabi, „was hältst du jetzt vom Staking mit all dem im Hinterkopf?“

Sie lehnte sich zurück. „Hm ... Da sind mir noch ein paar unbekannte Variablen drin, die ich erst besser verstehen möchte. Aber vielleicht baue ich in meinen Gabi-Masterplan doch noch irgendwann Kryptowährungen mit einer Staking-Methode ein, wer weiß!“

So wirst du immer besser – Meine wertvollsten 10 Tipps zum Schluss

Ich kann mich noch erinnern, als ich mit meinem Portfolio rund 80 % im Minus war. Das war mitten im Bärenmarkt, nachdem ich viele überbewertete Coins gekauft hatte. Es war für mich und meinen Partner ein finanzieller Tiefpunkt.

Ich habe die Fehler aller vier Investorentypen gemacht. Ich habe wie ein D-Investor zu Beginn impulsiv größere Summen investiert. Wie ein I-Investor zu viele Coins gesammelt. Wie ein S-Investor gezögert, als die Preise niedrig waren. Und wie ein G-Investor meinen Plan immer wieder neu durchdacht und mir damit viel Energie geraubt.

Warum bin ich in Krypto geblieben? Und musste ich mir den Weg schwerer machen als nötig? Ich hätte auch einfach in der Medizin bleiben, meine Therapiekonzepte entwickeln, ein festes Gehalt am Monatsende haben können. Ich hätte mir wohl über zwanzig Jahre bequem eine ordentliche Summe angespart!

Doch stattdessen war unsere Wohnung spartanisch eingerichtet. Jeder Cent floss in Krypto. Wir machten kaum Ausflüge und verbrachten viel Zeit am PC. Wir erlebten unseren ersten Bullenmarkt und unseren ersten Bärenmarkt. Und ich machte Videos über Krypto, als sich kaum jemand dafür interessierte. Genau in dieser Zeit habe ich am meisten gelernt. Ich lernte über mich selbst und über das Investieren. Und ich traf eine Entscheidung: Ich wollte mein Geld gegen Zeit tauschen, und zwar mit Krypto.

Auch heute bin ich deswegen hier und mein Portfolio anders als vor vier Jahren. Mein erstes Vermögen konnte ich mir mit Krypto aufbauen. In Zukunft möchte ich weitere Anlageklassen hinzunehmen. Meine Basis bleibt dabei: das Wissen über Marktzyklen, Verhalten und die Fehler, die ich gemacht habe. Bin ich heute ein perfekter Investor? Sicher nicht.

Vielleicht klingt das ernüchternd. Aber genau das ist die wertvollste Lektion. Krypto hat mir gezeigt, dass es im Leben keine echten Abkürzungen gibt, wenn man langfristig erfolgreich sein will. Hier kommen meine wertvollsten zehn Tipps aus eigener Erfahrung und aus vielen Gesprächen mit anderen. Damit du deinen Weg gehen und immer besser werden kannst.

💡 Tipp 1: Habe einen klaren Plan!

Bevor du blind einsteigst: **Was** ist dein Ziel? Möchtest du dir von Anfang an ein passives Einkommen aufbauen, das du dir regelmäßig auszahlst, oder willst du langfristig Vermögen ansparen und Gewinne daher so wenig wie möglich antasten? Je klarer du deine Ziele kennst, desto leichter wird es dir fallen, dranzubleiben und dafür einen passenden Plan zu entwickeln.

Mein Ziel ist eher langfristig orientiert. Ich konzentriere mich mittlerweile ganz bewusst auf Projekte, die ich wirklich verstehe und bei denen ich selbst überzeugt bin, dass sie in den nächsten Jahren stark wachsen können. Das bedeutet auch, dass mich kurzfristige Kursbewegungen nicht besonders interessieren. Ich weiß, wie neu diese Technologie ist, und ich verstehe, dass echte Innovation Zeit braucht.

Mir ist dabei aber auch klar, dass sich nicht jedes Projekt in diesem Sektor durchsetzen wird. Selbst wenn ich meine Hausaufgaben gemacht habe, kann es passieren, dass einzelne Investments am Ende nicht aufgehen.

Doch das *Was* ist nur die halbe Miete. Egal ob Sparplan, feste Regeln oder deine Portfolio-Struktur - du brauchst einen klaren Plan am

Markt. Am Ende will jeder von uns wissen, wohin die Reise geht. Und je höher die Schwankungen in einem Asset sind, desto wichtiger ist eine Strategie oder Taktik, die dir Ruhe gibt.

💡 Tipp 2: Investieren ist nicht das Gleiche wie Zocken!

Zocken ist keine Strategie. Und auch kein Plan, der dich langfristig weiterbringt. 2024 stand ich kurz davor, einen Meme-Coin zu kaufen. Kein Scherz. Ich hab's dann doch gelassen, aber der Impuls war riesig. Ich habe richtig mit meinen Emotionen gekämpft! Natürlich soll Krypto auch Spaß machen, sonst wär es ja ziemlich trocken, oder? Aber wenn du dein Portfolio wie einen Lottoschein behandelst, dann betreibst du Glücksspiel. Meistens sind es die weniger spektakulären Assets, die über viele Jahre hinweg zuverlässig laufen.

Wenn du merkst, dass du auch manchmal einfach „was machen willst", dann baue dir ein kleines Extra-Portfolio auf. Trenne dein wertvolles Hauptportfolio sauber von einem kleinen Spaßkonto. Es sollte vielleicht 5-10 % deines Gesamtkapitals ausmachen. So bleibst du auf Kurs und kannst trotzdem ab und zu experimentieren.

💡 Tipp 3: Setze dir Etappenziele statt Jahreszahlen

Mach deine finanziellen Ziele nicht nur vom Kalender abhängig. Märkte bewegen sich in Zyklen und die kannst du nicht beeinflussen. Statt zu sagen: „Bis 2030 will ich Millionär sein", hilft es oft mehr, dir konkrete Zwischenschritte zu setzen. Zum Beispiel:

- Ich will die 50 000 Euro knacken.
- Ich möchte dieses Jahr 10 % mehr passives Einkommen als letztes Jahr.
- Ich will mit meinem Krypto-Portfolio in den nächsten fünf Jahren durchschnittlich 10 % Rendite pro Jahr erzielen.

Wenn dir große Zielsummen noch zu weit weg erscheinen, fang kleiner an. Überlege dir, wie viel Geld du pro Tag zur Seite legen kannst. Vielleicht fünf Euro. Dann zehn. Später zwanzig. Und irgendwann sind auch fünfzig oder sogar hundert Euro am Tag machbar, wenn du deinen Weg konsequent gehst.

Tipp 4: Kenne das Projekt, in das du investierst

Investiere nur in Projekte, die du verstehst und die dich wirklich interessieren.

Ich zum Beispiel finde Krypto im Gaming-Sektor spannend. Aber ich selbst investiere dort wenig, weil ich mich mit der Branche nicht gut auskenne. Was mich dagegen interessiert, sind Infrastruktur-Projekte, die branchenübergreifend funktionieren. Um mich nicht vom Fokus ablenken zu lassen, habe ich mir einen simplen Kompass gebaut, den ich vor jeder Investition nutze:

Bei einem Coin, den ich schon im Portfolio habe und nachkaufen will, frage ich mich:

- Stimmt noch meine Investitionshypothese? Entwickelt sich das Projekt so, wie ich es beim Einstieg erwartet habe?
- Wer oder was beeinflusst mich gerade bei dieser Entscheidung?

Bei einem neuen Coin prüfe ich:

- Interessiert mich das Thema wirklich oder ist es nur FOMO?
- Bringt dieses Projekt der Welt etwas oder ist es reine Spekulation?
- Führt mich dieser Investmentschritt wirklich näher an mein Ziel oder sabotiert er es?

Tipp 5: Handle nicht emotional, aber höre auf dein Bauchgefühl

Kauf nicht panisch, nur weil ein Coin steigt. Verkauf nicht panisch, nur weil alles rot ist.

Gehe nicht im ersten Anlauf mit über 50 % deines gesamten Investitionskapitals in einen Trade rein - du kennst vielleicht die Zyklen noch nicht oder bewertest unbewusst ein Narrativ über. Am Ende bist du zu schnell enttäuscht, dass es nicht auf Anhieb gekappt hat.

Schraube deine Gier ein bisschen herunter und lerne mit deinen

Gefühlen umzugehen. Schlaf lieber eine Nacht drüber und entscheide dann mit kühlem Kopf. Lern aus Fehlern und mach es beim nächsten Anlauf einfach ein My besser!

Und trotzdem: Dein Bauchgefühl ist wichtig. Gerade wenn du dich länger mit einem Thema beschäftigst, entsteht mit der Zeit eine gute Intuition. Die solltest du nicht ignorieren, sondern einordnen und prüfen. Könntest du ruhig und mit einem guten Bauchgefühl schlafen, wenn du investierst?

💡 Tipp 6: Setze nicht alles auf eine Karte und schichte nicht ständig um!

Verteile dein Geld. Geh nicht all-in in ein einziges Projekt, auch wenn es gerade überall gehypt wird!
Erinnere dich hierzu an Fälle wie Terra Luna oder FTX! Terra Luna war ein Stablecoin-System, das plötzlich zusammenbrach (Nerdbox Seite 65). FTX war eine der größten Krypto-Börsen und ging komplett pleite. Bei beiden haben viele Menschen alles verloren, obwohl viele dachten, das wären sichere Projekte. Genau deshalb ist es so wichtig, dein Kapital auf verschiedene Coins und Strategien zu verteilen. So schützt du dich, falls mal etwas schiefläuft.

Du bist mit deinen Coins im Minus, aber Dogecoin pumpt gerade, weil Elon Musk getweetet hat? Und morgen ist's wieder ein anderer Coin? Dann Vorsicht. Dieses ständige Umschichten bringt meistens Verluste. Ich habe mal den Spruch gelesen: „Hin und her macht Taschen leer." Und da steckt wirklich viel Wahres drin.

Für mich ist Bitcoin eine Art Wertspeicher. Das ist eine meiner Hypothesen, auf der mein Plan basiert, und der Grund für die Wette, die ich eingehe. Ich investiere aber auch in einige ausgewählte Altcoins. Doch eben nicht in alles. Und ich passe meine Anteile regelmäßig an, je mehr mein Portfolio wächst und je weniger Verlustrisiko ich eingehen möchte.

💡 Tipp 7: Führe eine saubere Dokumentation und achte auf Transaktionsgebühren

Notiere dir alle Käufe, Verkäufe und Staking-Erträge. Am besten machst du das direkt in einer übersichtlichen Tabelle. So behältst du nicht nur dein Portfolio und deine Rendite im Blick, sondern auch deine steuerlichen Pflichten.

Denk daran: Beim Trading, bei Swaps oder beim Staking entstehen oft steuerpflichtige Ereignisse. Selbst wenn du langfristig investierst, solltest du das nicht unterschätzen.

Achte außerdem auf Transaktionskosten und Netzwerkgebühren. Gerade bei kleinen Beträgen können sich diese schnell summieren. Nutze bei vielen Transaktionen bestimmte Tools wie CoinTracking oder Blockpit. Die helfen dir dabei, alle Transaktionen sauber zu erfassen und deine Steuererklärung korrekt vorzubereiten.

Bedenke: Die steuerlichen Regeln können sich jederzeit ändern. Informier dich regelmäßig, damit du später keine bösen Überraschungen erlebst.

💡 Tipp 8: Nutze systematische Ausstiegspläne: Richtig auszahlen!

Wenn's an den Märkten abgeht, wird es schnell emotional. Genau dann ist es Gold wert, wenn du vorher einen klaren Plan hast. Ein systematischer Ansatz wie das „umgekehrte DCA" kann dir helfen, Stück für Stück Gewinne mitzunehmen. Schreib dir außerdem deine Ziele auf. Häng sie irgendwo hin, wo du sie regelmäßig siehst. Ein kurzer Blick kann dich daran erinnern, warum du überhaupt investiert hast - besonders dann, wenn alle um dich herum durchdrehen.

Wenn du dich entscheidest, Gewinne mitzunehmen, kannst du deine Kryptowährungen entweder direkt über deinen Wallet-Anbieter (zum Beispiel Ledger) oder über deine Kryptobörse verkaufen.

Beim Auszahlen gibt es grundsätzlich zwei Wege:

Entweder du gehst über einen Zwischenschritt vor: Zuerst tauschst du deine Coins in Stablecoins wie USDC, USDT oder EURC. Danach wechselst du diese in Euro oder Dollar.

Viele Börsen bieten dir erst einen Tausch in Stablecoins, dann die Auszahlung in Fiat an. Das kann besonders sinnvoll sein, wenn du dich absichern möchtest oder wenn dein Coin nicht genug Liquidität hat, um direkt verkauft zu werden.

Der andere Weg ist der direkte Tausch von Krypto in Fiat, also direkt in Euro oder Dollar (z. B. BTC/EUR). Große Börsen ermöglichen bei bekannten Coins wie BTC, ETH oder SOL oft einen direkten Tausch in Fiat. Bei kleineren oder weniger gelisteten Tokens ist das nicht immer möglich. Informier dich also vorher genau, welche Optionen deine Plattform bietet und welche Gebühren dabei anfallen.

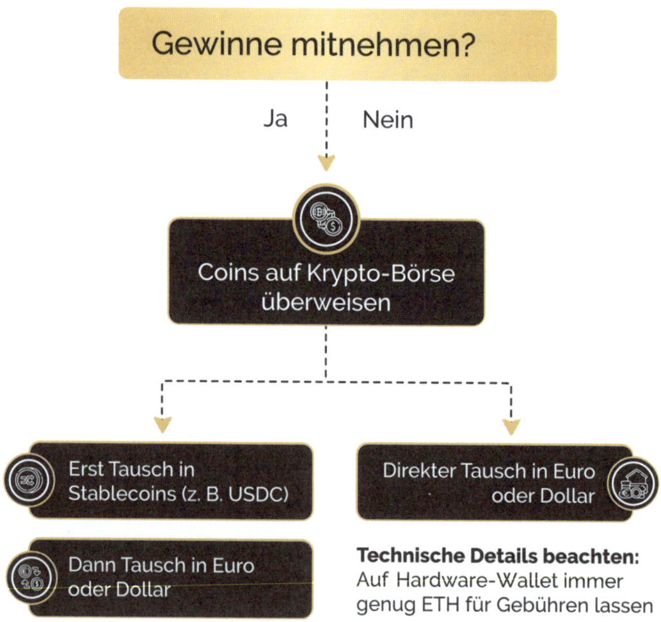

Abbildung 58: So tauschst du deine Krypto-Gewinne. Überlege vorab, ob du in Stablecoins zwischenparkst oder direkt in Euro bzw. Dollar wechselst.

Achte bei Transaktionen auch auf die technischen Details:

Lass immer etwas ETH auf deiner Hardware-Wallet, wenn du ERC20-Tokens (also Tokens, die auf Ethereum basieren wie LINK oder USDC) auf eine Börse übertragen möchtest. Alle ERC20-Transfers benötigen

ETH als Gasgebühr. Wenn du kein ETH mehr hast, bleibt die Transaktion stecken, auch wenn du eigentlich genug Tokens hast.

Wähle beim Transfer unbedingt das richtige Netzwerk. In diesem Fall ist das bei ERC20-Tokens das Ethereum-Netzwerk. Klingt banal, ist aber ein häufiger Fehler. Besonders bei großen Handelsplattformen kannst du zwischen mehreren Netzwerken wählen. Wählst du das falsche, kann es zu Verzögerungen kommen oder deine Tokens landen im schlimmsten Fall bei einer Adresse, auf die du keinen Zugriff hast.

Hier die wichtigsten Netzwerke, abhängig von der Kryptowährung, die du verschicken möchtest:

ERC20-Tokens (z. B. USDC, Altcoins auf Ethereum wie LINK) → **Nutze das Ethereum-Netzwerk.**

- Du brauchst etwas ETH auf deiner Wallet, um die Transaktionsgebühr (Gasfee) bezahlen zu können.

TRC20-Tokens (z. B. USDT auf Tron) → **Nutze das Tron-Netzwerk (TRC20).**

- Sehr günstige Transaktionen, aber nicht kompatibel mit ERC20-Adressen. Niemals TRC20-Tokens an eine Ethereum-Adresse schicken!

BEP20-Tokens (z. B. BUSD, viele Altcoins auf Binance) → **Nutze die BNB Smart Chain** (früher Binance Smart Chain).

- Nur verwenden, wenn deine Börse oder Wallet BEP20-Adressen unterstützt!

SPL-Tokens (z. B. SOL, USDC auf Solana) → **Nutze das Solana-Netzwerk (SPL).**

- Solana ist ein eigenes, schnelles Ökosystem, also komplett getrennt von Ethereum.

💡 Tipp 9: Bereite deine Bank auf Auszahlungen vor

Wenn du größere Beträge in Euro auszahlen möchtest, informiere deine Hausbank am besten im Voraus. Im schlimmsten Fall friert sie dein Konto ein, weil sie nicht weiß, woher das Geld stammt.
Besser: Mach einen Termin bei deiner Bank aus, erkläre deinen Plan offen und halte eine zweite Bankverbindung als Plan B bereit - nur für den Fall, dass es Komplikationen gibt. Sprich vor dem Auszahlen mit deinem Steuerberater. Vielleicht sieht der Profi noch etwas, was du

nicht auf dem Schirm hattest. Bereite deine Transaktionshistorie gut vor, damit du bei Rückfragen alles belegen kannst.

💡 Tipp 10: Lies Bücher - und zwar nicht nur über Krypto!

Als ich mit Krypto angefangen habe, habe ich parallel begonnen, Bücher über Finanzen zu lesen. Dabei ging es mir vor allem um Strategien: Wie investieren erfolgreiche Menschen? Und welche Prinzipien aus anderen Anlageklassen funktionieren langfristig so, dass ich sie auf Krypto übertragen kann?

Hol dir regelmäßig Input aus anderen Bereichen, z. B. aus Büchern über Kommunikation, Psychologie oder Persönlichkeitsentwicklung.

Denn beim Investieren geht es nicht nur um Renditen, sondern vor allem um dich selbst. Als Anleger ist man manchmal so sehr auf das Portfolio fixiert, dass man seine Gedanken einengt und vergisst, sich mit den Dingen zu beschäftigen, die das Leben sonst noch ausmachen.

Was ich heute anders mache und dir mitgeben kann

Ich kenne meine Fixkosten und halte sie schlank. Ich führe eine Tabelle und budgetiere regelmäßig. Dadurch investiere ich regelmäßig, aber nicht blind. Ich nutze Korrekturen, um nachzukaufen, statt auf Hypes zu reagieren. Ich analysiere Projekte möglichst selbst (heute geht das deutlich schneller als vor ein paar Jahren!). Dabei lerne ich kontinuierlich dazu und reflektiere meine Entscheidungen: Habe ich richtig eingeschätzt? Wo bin ich zu hoch eingestiegen? Welcher Coin war vielleicht ein Fehlgriff? Ich baue langfristig!

📺 👉 Hier das passende Video auf YouTube:

Was mir Krypto über Geld beigebracht hat – und was Du besser machen kannst

Nicht jeder von uns will das Gleiche im Leben erreichen. Aber eines gilt für uns alle: Wir kommen nur voran, wenn wir den ersten Schritt machen.

Entscheide selbst, ob und wie Krypto in dein Leben passt und lass dich nicht von den Zielen anderer Menschen ablenken. Denn mit jedem Schritt wirst du besser. Und jeder Schritt bringt dich näher an das wertvollste Asset der Welt: eine möglichst gute Zeit in deinem Leben.

Danksagung

Dieses Buch wäre ohne viele Menschen nicht möglich gewesen. Danke an alle, die mich während dieser Reise begleitet haben.

Zunächst danke ich meiner Community und allen Menschen, die mir auf YouTube, X und Co folgen. Ihr seid der Grund, warum ich immer wieder meine Reise nach außen hin teile. Eure regelmäßigen Kommentare unter Videos oder einfach nur ein „Danke“ unter einem Post - ihr wisst nicht, wie sehr mich das motiviert!

Danke an meinen Verlag, insbesondere Sandra und Daniel, für die Betreuung während des gesamten Buchprozesses. Danke an Phillip und David! Ihr tragt maßgeblich dazu bei, aus meinen Skripten und Aufnahmen vom Schnitt bis zum Thumbnail guten Content zu machen!

Danke an Thomas für die fachliche Unterstützung! Du hast mein Interesse für verschiedene technische Analysemethoden geweckt und mich motiviert, auf diesem Weg weiter zu lernen. Danke auch an Stefan für die geballte rechtliche Expertise! Du erklärst die Lage für Krypto-Liebhaber stets praxisnah und topaktuell! Ebenso danke ich André. Mit deinem technologischen Fachwissen hast du mir geholfen, die Inhalte noch klarer zu machen.

Ein großes Dankeschön geht an meine Familie - an meine Eltern, meine beiden Schwestern und an die Familie meines Partners. Auch wenn mein Weg mit Krypto sicherlich etwas ungewöhnlich war, habt ihr mich machen lassen. Jeder von euch hat mich auf seine Weise aufgefangen. Diese Gewissheit um euch als Familie war für mich immer ein Anker, auf den ich mich verlassen konnte.

Ein besonderer Dank geht an meinen Partner Sergej. Du warst von Anfang an an meiner Seite und hast mich beruflich wie privat in jeder Lebenslage unterstützt. Keine Worte könnten beschreiben, wie wertvoll du für mich bist, und kein Asset dieser Welt könnte das je ersetzen.

Und an all meinen Freunde, Verwandten und Kollegen, die ich hier nicht namentlich erwähnen konnte, soll ebenso gesagt sein: Danke!

Eine Sache aber noch: Danke an dich, lieber Leser. Du hast dich der Welt der Kryptowährungen geöffnet und ich hoffe, ich konnte dir mit diesem Kompass Orientierung geben.

Wenn du mehr von Krypto und von mir kennenlernen möchtest, dann besuch mich gerne auf YouTube oder Social Media! Ich heiße dort „MissCrypto“ - aber am liebsten nennst du mich einfach Steffi.

Webseite: https://misscrypto.de/
YouTube: @MissCryptoGer
X (ehemals Twitter): @MissCryptoGER
Instagram: @misscryptoger

PS: Wenn du mir folgst, pass bitte auf Betrugsmaschen auf und achte darauf, dass du der **richtigen MissCrypto** folgst! Es gibt viele Fake-Accounts, die sich als mich ausgeben. Ich komme mit dem Melden nicht hinterher. Niemals würde ich dir persönliche Nachrichten schreiben, dich um Geld bitten oder nach deinen privaten Schlüsseln fragen!

Bis dahin und bleib wie ich von Krypto fasziniert! 😉

Deine Steffi

Über die Autorin

Dr. Stephanie Morgenroth ist Gründerin des erfolgreichen YouTube-Kanals MissCrypto und zählt zu den führenden Expertinnen für Kryptowährungen und Blockchain im deutschsprachigen Raum. Nach ihrem Medizinstudium wechselte sie in die Finanzwelt, um komplexe Themen wie Bitcoin, digitale Vermögenswerte und Web3 verständlich zu vermitteln. Mit über 85.000 Abonnentinnen und Abonnenten begeistert sie eine neue Generation für finanzielle Eigenverantwortung. Durch klare Analysen und alltagsnahe Erklärungen macht sie moderne Finanzbildung greifbar. Als Speakerin & Content Creatorin verbindet sie Wissen, Technologie und gesellschaftlichen Weitblick - mit dem Ziel, das Potenzial der Blockchain als Teil unserer künftigen Infrastruktur sichtbar zu machen.

So findest du sie auf Social Media:

https://www.youtube.com/@MissCryptoGer
twitter.com/misscryptoger
instagram.com/misscryptoger
tiktok.com/@misscryptoger
https://misscrypto.de/

Liebe Leserin, lieber Leser,

hat Ihnen dieses Buch gefallen?
Ihr Feedback, Ihre Anregungen und Ihre Kritik bedeuten uns viel, denn sie helfen uns, unsere Bücher kontinuierlich zu verbessern.

Die Meinung und Zufriedenheit unserer geschätzten Leserinnen und Leser stehen im Mittelpunkt unseres Schaffens. Ihre Gedanken sind uns wichtig.

Zögern Sie daher nicht, uns zu kontaktieren und Ihre Gedanken mit uns zu teilen. Senden Sie uns einfach eine E-Mail an:
feedback@eulogiaverlag.de

Besuchen Sie auch gern unsere Verlagsseite und entdecken Sie weitere spannende Bücher unter:
www.eulogiaverlag.de

Wir sind gespannt auf Ihre Nachricht und freuen uns darauf, von Ihnen zu hören!

Herzlichst
Ihr Eulogia Verlag